制限♥解除

何歳からでも思い通りに生きる！

MACO

KADOKAWA

はじめに

こんにちは。メンタルコーチのＭＡＣＯです。

私は22年間の教員生活を経て44歳で起業。書籍やブログ、講演会、セミナー、オンラインサロンなどを通して、人生をより良いものにするための意識や行動のあり方について、お伝えする仕事をしています。起業してからこの仕事を通してお会いした方の数は延べ数万人となりました。プライベートでは、シングルマザーで娘を育て、今は全国に複数の生活拠点を持ち、旅もしながら仕事をする自分の望んだ通りのライフスタイルを確立しています。

この本は、これまでに20冊以上の書籍を出版してきた中で、今までで一番**「見えないエネルギー」**のことに焦点を当てたものになっています。

見えないエネルギーというと、なんだか怪しい気がするでしょうか⁉
でも、**普段の生活の中で、周囲の状況や物などから何か感じとるものとか、「根拠がないけど、こういう気がするんだよね」というような感覚は、誰にでもきっとありますよね。実はこれ、意味がないものではないんです！**

2020年に新型コロナウイルス感染症が広がった頃から、世界ではいろんな概念が覆されています。それは、人々の意識の変容であり、実は宇宙全体の変容の流れでもあります。

ただ、大きなきっかけが2020年だったというだけで、その流れのスタートはもっと前から始まっていました。ですが、私たちの多くが意識ではっきりと捉えることができたのが、この年からだったのです。

皆さんも自分自身や身の回りの変化を感じていないでしょうか？　私自身は、思ったことが驚くほどのスピードで実現したり、自分と波動が合わない人やものとあっさり縁が切れたり、ますます宇宙からのサインやサポートが受け取りやすくなったりと、大きな変化を感じる毎日で、本当にワクワクしています。

このような変化は、地球全体（正しくは宇宙全体）が次元を上げていく大きな変革期に入ったからなのです。次元上昇時代です。これはスピリチュアル用語で「アセンション」と言われたり、「風の時代」に入ったなどと表現されたりしますが、具体的にはどういうことなのでしょう？

この次元上昇時代では、実は、とても顕著な特徴が地球や私たちの意識にも影響しています。それはエネルギー視点から見た特徴です。それらの特徴を知った上で私たちが自己実現をしていくことが、本当の意味で「うまく時代の流れに乗る」ということになります。

次元上昇時代の流れに乗るためには、本当の自分でいることが必須です。しかし、まだ多くの方が自分の本心に気づいていなかったり、気づいていてもその本心にフタをしています。

本心に気づくと、自分自身を縛っている制限を解除していくことができます。

本当の自分の思いには自己対話（セルフコーチングともいいます）をすることで気づけます。具体的なやり方は後述しますが、自己対話を習慣にしていくと、玉ねぎの皮を1枚1枚剥くように、内側から本質や本当の自分が見えてきます。

本書をゆっくり読みながら、「私はどうだろう？」「本当はどうしたいんだろう？」と自分に問いかけてみてくださいね。「えええ！　私、こんなことを思っていたのか」「違和感に気づいたつもりが、気づききってなかったのか！」なんてことがたくさんあるはずです。


私がこういった発信活動を始めたのは２０１４年です。その当時から、

「本当の自分、自分軸で生きよう」

「ネガティブな感情や思考があっても人生は変えられるし、現実化できる」

「答えは外の世界や他人の中にはない」

ということをずっと伝え続けてきました。この考え方を土台として、新しい時代の大きな変容の流れにどう乗っていき、自分にかかっている制限をどう解除していけばいいのか、この本でお伝えできればと思います。


今、地球のエネルギーが変わっていっているので、誰もが自分の中に古くからある制限に気づきやすくなっています。

ぜひ、次元上昇時代のエネルギーに乗って、自分の意識を変容させ、まっさらな本当の自分に還って、自分の思うとおりに生きてくださいね。

Contents

第1章 制限なしですべてが叶う新しい時代

第2章 年齢ブロックは簡単に外せる!

第3章 体のパワーは創造力の源

第4章

愛が増え続ける恋愛・結婚・パートナーシップ

第5章 愛と豊かさがめぐる天職とお金の法則

第6章

本当の自分で生きるための習慣

装丁・本文デザイン／菊池 祐
装画・本文イラスト／こいけえみこ
校正／鷗来堂
DTP／三光デジプロ
編集協力／深谷恵美

第1章

制限なしですべてが叶う新しい時代

第1章は、新しい時代の特徴についてお伝えしたいと思います。
私たちが今どんな時代を生きていこうとしているのかを理解すると、あとの自己実現・実践がとてもやりやすくなります。その意味でも、この章は一番大事な部分といえるので、第2章以降は気になるテーマから読み進めていただいて構いませんが、第1章はぜひ最初に目を通しておいてくださいね。

新しい時代の説明として、よく「次元上昇」という言葉が使われます。「三次元から五次元へ移行している」などですね。これはなかなかすんなりと受け入れられるものではないと思います。「三次元と五次元の違いは⁉」と言いたくなりますよね。

結論を先に言うと、**五次元は本当の自分で生きる世界。元々の自分で生きる、「自分軸」で生きる世界です。**まだ、少し抽象的でしょうか。そこで、この章では「見えないエネルギー」を私たちが「肉体感覚」として具体的にどう感じているのか、そんな視点で書き出してみました。もし何か1つでも「あ、これは私もすでに感じているかも……」という項目があれば要チェックです！

宇宙と地球のエネルギーが大きく変わる時代に入った！

新時代は、次元上昇時代とも言われます。つまり、地球を包むエネルギー領域、すなわち宇宙全体のエネルギーが大きく変わっていく時代のことです。

具体的にどういうことかというと、見た目の物理次元、つまり目の前のものの姿は変わらないけど、そのエネルギーだけが次元を引越しするみたいなものです。その引越しとはずばり三次元から五次元へ、ということです。

「ぜんぜん具体的じゃない気がするけど⁉」

「五次元ってどういうものなの⁉」

という疑問は、今は脇に置いておいて大丈夫です（この後で、どういう感覚でわかるのかを解説します）。とにかく、エネルギーがこれまでと違うところへ移動していっている、ということを知っておいてくださいね。

ただし、エネルギーが引越ししたからといって、例えば自分の家の見た目が急に別のものに変わるとか、自分の顔が五次元仕様になる、なんてことはありません。そもそも顔が五次元仕様になると言われても、どんな顔か想像できないですよね（笑）。

ですので、まずは**「今、宇宙全体や地球がエネルギーの引越し（移動）をしている最中らしい」**ということだけ、覚えておいてください。

そして、そうした地球のエネルギーの変化で起きる顕著な特徴は、私たちの身の回りでもいくつもみられます。

次のページから、エネルギーが三次元から五次元へ向かっていく変化の特徴や、「自分も五次元へ向かう切符としてこれが必要」といったことをお伝えしていきます。

変化 1

思考や意識したことの現実化が驚くほどスピードアップする！

「思ったことが現実になる」という考えは、聞いたことがあるかと思います。次元上昇時代はそのスピードがもっと加速します。これは新時代に変化する最大の特徴の1つとして最初に書いておきます。

おそらく、もう感じている人もかなり多いのではないでしょうか。

例えば、長い間、連絡がなかった人のことを「あの人どうしてるかな？　久しぶりに会いたいな」と思っていたら、その人から、その日のうちにメールやLINEが来た、とか。「今度、あそこへ旅行に行きたい」と頭に思い浮かべていたら、次の日に「一緒にここに行かない？」と誘われた、とか。

以前からこういうことが結構あったという方も「速攻叶った！」「言ったそばから現実化した」くらいの体験が増えていないでしょうか。人からの連絡などは「テレパシー⁉」と思ってしまうほどのタイミングだったりしますよね。

「〇〇を食べたいな」と思っていたら、家に帰ると親がそれを買ってきていた。なんて、望みもすぐ叶っていったりしていませんか？

でも、これらはぜんぶ偶然ではないんです。

かといって、自分だけが何か特殊な能力を急に身につけたわけでもないんですよ（ちょっと残念かもしれませんが。笑）。こういった感覚を、遅かれ早かれ、多くの人が体験する時期に来ているのです。体験するタイミングには個人差はありますが、いよいよ体感として多くの方が感じるようになってきています。

「思ったら、すぐそうなる」――。そういうエネルギーの時代に入りました。

ある意味、ちょっと怖いですよね。起きてほしくないことも、それを多く意識していると形になるのが早いということですから。「私はダメだ」なんて自己否定みたいなことばかりしていると、それもすぐに現実化してしまいます。

でも！　「思ったらすぐそうなる」のなら、その特徴を逆手にとって活用すればいいだけです。今までたくさん使ってきた自分を責める思考とか、自分を否定する感情も、「まずい、まずい！　すぐそれ、現実になってしまう」と思うと、自然に「ぼちぼち本気で手放そうか……」という気持ちに変わっていくはずです。

そして、**ネガティブなことよりも、楽に、ラフに「私はこれをやりたい！　こうなりたい！」を意識し続けていると、それがスピードアップして叶うようになる**のですから、そちらにパワーを傾けるようにしていきましょう。

「思ったらすぐそうなる」の例外のケース

現実化させたいことをどんどん気楽に意識しておいたほうがいいのですが、例外としてすぐそうならないケースもあります。それはどういうケースかというと、

1　「思ったらすぐそうなるなんて信じない」と決めている場合
2　「そんなことあり得ない」と全否定で思っている場合

3　願い事に対して「自分には無理」のブロックが強すぎる場合
4　最高に幸せになるために、自分が向き合うテーマにそれなりの時間があったほうがいい場合

です。これら4つのうちどれかに当てはまる項目がありますか？

1〜3つ目のケースは、多くの場合無意識のさらに下の領域にある無意識の概念です。これが自分に対するさまざまな制限を生んでいます。と言われても、どうしたらいいか戸惑うかもしれませんね。ここでは「自分には無理」という感情を受容する、つまり俯瞰したり客観視して受け入れる、ということをやっていけば大丈夫です。

最初、非常にブロックが強いうちは「私の現実化はゆっくりだ」と感じるかもしれません。それでも、だんだん時代の特徴に合うようになりますので、心配しないでください。

4つ目のケースは、今のような意識を次元上昇していく時代だからこそ、自分の内面進化のためにインナーチャイルド（自分の心の内側にいる子どもの部分）等に向き合うケースなどありますが、こちらも心配はなく、ここを越えると生まれて初めて体験するほどの喜び感覚で生きられるようになりますよ。

変化 2

今まではわからなかった小さな違和感にも気づけるようになる

新しい次元上昇時代、**「違和感ほどのギフトはない！」**と私は断言します。
地球のエネルギーが引越しし始めると、その中にいる私たち人間のエネルギー（体と心）ももちろん影響を受けますから、感覚が三次元から五次元的になっていきます。五次元がどういうものかは、ここでも理解できなくて大丈夫です。ただ「違和感にすごく気づくようになる」とだけ覚えてください。

この時期に自分の本心や感覚を聞く自己対話（やり方は後半で詳しく紹介します）をやっていくと、あらゆることに対する違和感がどんどん出てくるでしょう。これまで感じなかった、小さな違和感まで必ずわかるようになっていきます。

本当の自分として、もう何も我慢したり無理したりせずに生きたい方は、この違和感に注意を払ってください。「嫌なことを仕方がないと受け取ってきていた」「我慢しすぎていた」「無理していた」「本心と違っていた」「合わないと思っていた」。こういう感覚がわかるきっかけは、「ん？」とか「あれ？」という違和感です。

この違和感こそ、次の現実を創造する大切な気づきになります。

私たちが何をやろうとして地球に生まれてきているかというと、地球という物理次元でやってみたいと思う創造を体験し、楽しむためです。

私たちは一人ひとり、何もないところから創造して、思い通りの世界を作ることができるんですよ。イメージするほうの「想像」は、創造の手順の中に含まれています。

違和感をそのままにしていると、違和感のままの世界が続きます。

違和感に気づいて、自分の本音に合った世界を創造していきましょう。

変化 3

人の本質を見抜き、嘘や下心に気づけるようになる

違和感を敏感に感じとれるようになる、というのは人に対しても働きます。その結果、もう自分とはご縁がなくてもいい人がはっきりしてきたりします。

これまでなら、普段の付き合いの中で時折、違和感がある態度をとってくる人にでも、「なんか変だけど、ま、いっか……」とやり過ごしていたこともあったかもしれません。

ところが「あれはマウンティングをされていたのか！」と〝ようやく〟気づいたり。「私のことを好きなフリして本当は意地悪していたのか」と〝初めて〟わかったり。「この人、お腹の中で思っていることと口から出ていることが実は違うな」と〝はっきり〟見抜けたり。嘘や偽善に自分で気づけるようになります。

つまり、信頼・信用できる人が明確にわかってくるということです。

これらは全部「感覚」が教えてくれます。エネルギーの引越しとは「感覚の変化」のことでもあるのです。だから体感として感じるようになってくるのです。

すでに苦手なあの人のことが気になってはいませんか？　例えば職場とか何かのコミュニティなどで自分が「嫌だ」と感じることをしてくる人がいて、今、悩んでいるという方もいるかもしれません。

そういう相手とはどうなっていくか。次の変化④で説明しますね。

変化 4

自分と合わない波動の人とは縁が切れて、人間関係が整理される

この世界にはいろんな人がいて、それ自体が「人は違う」と知る学び、「それぞれ受け入れ合う」という学びになっています。これはもちろん、今後の世界でも続いていくテーマではあります。

しかし「人の縁」という目線に立って解説すると、**自分と合わない波動（＝エネルギーの周波数）の人とは自然とだんだん縁遠くなります。**

世界は波動の法則で成り立っていて、自分に合う波動の人としか本当の縁はできません。

こちらが五次元エネルギーに乗って次元上昇しようというとき、相手がまだ三次元エネルギーに留まるなら、波動がますます合わなくなり、ご縁が切れていきます。

波動というのはそれほどすごいのです。私たちの頭の計算では及ばない正確さなので、「合わないものは合わない」で終わりです。

たまに思い出したように自分の世界に波動が合わない人がバン！　と強制的に入ってくることがあっても、その頃にはもう自分自身がその人を遠くから俯瞰して見るようになっているので、意識の重要度も低くなり、またすぐ忘れていきます。

私はこれを**「ご縁のパラレル分かれ」**と言っています。仮にＳＮＳなどでその人の存在を目にすることがあっても、「どこか違う世界の人」みたいな感じになっていきます。

「職場や身近にいる人だとそうはいかないだろう」と思いますよね。それが不思議と、異動や引越しのような形で実際に場所が分かれる、ということが起きたりもしますが、多くの場合、同じ場所にずっといるとしても、自分と相手の波動が明らかに違ってくると、自分の興味の対象にも入らなくなっていきます。

パートナーも本当に縁のある人、自分との真の学びのある相手としか繋がっていきません。

友達もそうです。これまでは「友達１００人作ろう」というような歌があって、それが良いとされる世間の認識がありました。でも、考えてみてください。これほどデジタル化が進み、なんでもレスポンスが速い時代に、どんどん人間関係を増やしたって自分の体は1つしかないのです。「そうはいっても友達は多いほどいい！」という人もいるかと思いますし、人それぞれですが、みんながみんな数の多さを重要視する必要はありません。

自分の波動を上げていくことが大切

ここで大切なこと。**それは、合わない人、嫌な人を除外する思考で止まるのではなく、自分の波動を毎日上げていくことに注力すること。**

自分の波動を上げるとは、自分の波動を大切にすること、自分自身を認めること、受け入れることです。

つまり、**自分の本心を無視しない。**その上で「人には人の考えがあるよね」と他人のことも認めて受け入れて、あとはその人のことは手放しておく。そうした行動をしていると、他人の嫌なエネルギーの影響をもらうことがなくなり、自分の波動を上げることができます。

自分が生まれたときの生き生きとした波動状態に戻って過ごせます。

変化 5

「ご縁のパラレル分かれ」の幅が狭くはっきりしてくる

波動は見えないエネルギーですから、合う・合わないがわかりづらく感じるかもしれませんね。

人との波動の違いは主に「選択している世界の違い」です。または「世界観」ともいえます。「どんな世界で自分は生きていきたいか?」という問いに対する答えの違いです。その答えによって、ご縁の繋がる人が変わってくるというわけです。

次元上昇がはっきりわかる前の時代までは、ご縁の繋がる人のゾーンが割と大きかったのです。ですが、今後は「異なる波動の人とは全く接点がなくなる」「波動が合う人だけになっていく」と言っている人もいるくらいです。

そこまで言いきるのはさすがにちょっと大げさかな、と私は思いますが、これまでとは人間関係のゾーンが変わるのは事実です。その人の持つエネルギーや「何を体験しようか」という選択の違いによって、パキッと分かれてしまうイメージです。

その幅は、案外狭い。

だから苦手な人のことを心配ばかりしていないで、自分の波動を整えることだけに集中していれば、全部解決し、うまくいきます。

自分の波動を整えるとは、自分自身を認めること、受け入れることだと書きました。自分自身が自分を受け入れていないと、その波動は、自分を攻撃する人と実は同じ状態に留まり続け、いつまでもその人とのご縁が続くことになります。

よい形で「ご縁のパラレル分かれ」をするためには、とにかく「自分のことに集中」。これを大切にしていきましょう。

変化 6

やりたいことを諦められなくなり、自分軸で生きるようになる

ここからは、私たちの内面の変化の特徴について、さらに掘り下げていきますね。

大きな特徴としてはっきりしてくるのが、**「やりたいことを諦められなくなる」**ということです。「諦められない」といっても、執着のエネルギーとは違いますのでご安心くださいね。

自分の本心と対話を続けることを習慣にしていくと、本心を覆っていた膜（フィルター、ダミー）がどんどん剥がれていきます。まさに、玉ねぎの皮を剝くように、どんどん中心が見えてくるようになるのです。

その結果、この体で、今の人生で「私はこれを体験したいんだ！」と魂レベルで決めて

いたことを、ちょっとやそっとのことでは諦められなくなります。まさに「本心を生きよう」とするようになるのです。

たとえ周囲の人が「難しいからやめておきなよ」とか「うまくいかないよ」と言ってきても、です。これまでなら「これはやめろということ？」とネガティブな意味付けをしていたかもしれませんが、「そんな言葉を聞いたところで私の本心はこれ。だからやる！」とブレなくなります。

これも地球のエネルギーが次元を引越しする、その恩恵を受けているためです。その影響で、自分の軸が立ってきた証拠です。**「諦められない」と思えるようになったら、その思いに従って行動していきましょう。**

この「本当の私を生きる」というのは一番ステージの高いチャレンジです。多くの方が、いよいよこれを真剣にやろうとしています。今までのような「はい、皆さん、ここの枠に入っていてくださいね」というのは不満がありつつも楽でした。

でも、多くの人がもうそこから出たくなってしまったので、今という時代を本当の自分として生きようとしています。

変化

7 合わないものや人を受け付けなくなり、興味や関心もなくなる

変化⑥の「やりたいことを諦められなくなる」と同時に、**「好きと嫌いがはっきりしてくる」**、そんなふうに感じる人も出てくると思います。

これは人に限らず、仕事、環境、あらゆることに対してです。自分の本心が見えてくると、もう繋がっていなくてもいいエネルギーがわかるようになるからです。

もはや合わない人にも環境にも興味が薄れる、関心がなくなる、といったこともあると思いますが、それはそのままでいいのです。

真面目な方は「好き嫌いが多い」「ダメなものはダメ」という自分になってくると、「自

分は嫌な人間になったんじゃないか」とか、「わがままになってしまったんじゃないか」と心配になるかもしれません。でも、心配には及びません。

はっきりと自分の気持ちがわかるようになったことを喜んで、次を選んでください。それが、本当の願いを叶えて思い通りに生きるための道なのですから。

変化 8

感覚が研ぎ澄まされてサインやサポート、メッセージを受け取る力が増す

今までは、何か困ったりすると誰かに相談して解決法を見つける人が多かったと思います。もちろん、これからもそのやり方がなくなってしまうわけではありません。自分が主体的にアドバイスを受け取って自分の意志で選択ができるのであれば、人に聞いても、アドバイスを受けてもいいのです。

ですが今、宇宙全体、そして地球のエネルギーが三次元的なものから五次元に引越ししようとしている中で、私たちの意識も体のエネルギーも一緒に引越ししています。それに伴い、感覚が研ぎ澄まされて、微細なエネルギーに気づくようになります。また、自分の本心を聞く習慣も気づく力を育てます。

すると、どうなるか。何か困ったり疑問を持ったりした時、例えば手元の手帳に描かれている絵を見てその答えがピンとひらめいたりします。

あるいは、花を見て「癒されるな」と感じながら、ふと「その花の花言葉はなんだっけ？」と思って調べると、そこに答えがあったりします。

この地球において私たちを取り巻くあらゆる存在が、全部メッセンジャーになる、ということです。絵も花も、道端の草や目の前のペットボトルも、です！　相談する相手は人だけでなく、ありとあらゆる物が対象になります。自分が身を置いているこの環境のあらゆる存在からヒントやサポートを受けられるのです。

「ただの物じゃないですか」と思ってしまえば、もうそれまでです。その存在と意識で繋がることはできなくなるので、目の前のいろんな物たちからのお知らせは受け取れなくなります。これは、これからの時代においてはとてももったいないことです。

あらゆる物とコンタクトは取れます。あらゆる物、あらゆる空間や場所とコンタクトが取れるというのが、次元上昇時代です。

あらゆる物とコンタクトが取れるようになる

形のあるもの・ないものにかかわらず、すべてのものはエネルギーでできており、その最小単位を素粒子といいます。素粒子は物理学の分野の話になりますが、物質を構成する最小の単位のことです。**人の意識も突き詰めると素粒子なので、そのエネルギーはどこにでも入り込めます。**

植物にも入っていくし、ペットボトルにも入っていくし、壁の時計にも、手元のハンカチにも、読んでいる本にも入っていくし、空間自体にも入りこみます。自分がペットボトルに意識を向けると、その意識がペットボトルに影響を与えます。だから、ペットボトルから何かを感じ取ることができるのです。

そうやって人間とあらゆる物はコンタクトを取ることができる、コミュニケーションを取れる、と思ってみてください。別に難しく考えず、「ねぇ、ペットボトルさん、教えてよ」みたいな感じで。

次元上昇時代、この感覚がますます研ぎ澄まされていきます。私自身も体感として特に強く感じています。実際にそのサインやメッセージに導かれて以前よりずっとスムーズにやりたいことができたり、自分らしい自分で生きられるようになっているので、実感としてもお伝えしたい新時代の特徴の1つです。

もちろん、草木やペットボトルのエネルギーが人間の姿をして出てきて、何かを教えてくれるというわけではなく、比喩的なメッセージ、インスピレーションやサインとして答えやアドバイスをくれることが多いのです。

比喩的とはいえ、そのメッセージも以前よりもっとはっきりと、ズバリ伝えてくれるようになっています。とてもわかりやすくなっているということです。

日々、本当の自分で生きていれば、導きのサインがどんどん入ってきます。「あっ、これだ」とそのまんまでわかるものもありますし、象徴的・比喩的なサインでくる等、解釈や読み取りが必要なこともありますが、我々のほうも、そうした微細なエネルギーにちゃんと気づけるようになるため、そのぶんあらゆる存在と繋がっている感覚がわかるようになり、ますます強力なサポートを受け取れるようになるというわけです。

変化 9

困ったときにタイミングよく「宇宙のサポート」が入る

次元上昇時代は、「本心で生きる」「本当の自分を生きる」ということが前提になります。それは、**「自分のことを否定せず、全部受け入れて生きる」**ということです。

自分の過去も、今のどんな状況も「認めて受け入れる」。そうしていくだけで、私たちの心と体のエネルギーは宇宙の進化していくエネルギーと限りなく同調しやすくなります。

ということは、宇宙からのサポート自体もこれまでよりはっきりと、まるで「お助けマン！」と思うくらいタイミング良く入ってきます。現実が思い通りの方向に進むような流れが起きてきます。何よりも「1人じゃないんだ。大丈夫だ」と感じることが増えます。

ですから、私たちがやることはたった2つ。

・自分の本心に嘘をつかずに生きましょう。

・そして、自分という存在をまるごと全部受け入れて生きましょう。

私たちはみんな、この世界に存在することで、そもそも使命を果たしています。それくらい自分のことを肯定してください。

自分の本心に従って行動している人であれば、必ず宇宙のサポートを受け取れます。それに従って行動する中で疑問や質問が湧いたり、恐れが出て後押しがほしいと感じたら、その気持ちもまた、そのまま宇宙に放ってください。実際に、空中に放つイメージです。

そうすれば「ああ、私はいつも守られている。サポートはいつも入っている」と確信を持てて、ネガティブな感情に負けることも少なくなっていきます。ありがたいですね。

変化

10

平等の概念が変化する。その人に合ったものを渡すことが平等になる

みんな同じように同じものを受け取るのが平等と思われてきました。ですが本来は、その人その人に合ったものを渡していくのが平等なのです。

例えば、6人いて、オレンジジュースが5人分あったとします。

平等とは5人分を6つのコップに均等に分けることではなく、まず「飲みたい人？　飲まない人？」と聞いてみる。1人2人くらいは「今は飲みたくない」という人がいるかもしれません。だったら飲みたくない人には配らない。これが平等ということです。

もし仮に「2杯、飲みたいな」という人がいて、他の人が飲みたくないならば、その人が2杯飲んでも平等ということです。

「みんな同じように!」が当たり前だと思って生きてきて、その当たり前が苦しかった人が本当はたくさん、たくさんいるはずです。

私はこれをほしくなかったのに無理して受け取っていた……。こんなことはもうなくなっていきます。

例えば、今、お子さんの子育てで悩んでいる親御さんには、もう「みんなと同じことができることが良いこと、当たり前」という価値観ではなく、「うちの子に合った」環境や教育を選んでいくことがその子にとっての平等ですよ、とお伝えしています。

変化

11

理想だからこそうまくいき、好きなことだから結果が出る

「理想ばかりじゃ飯は食えないよ！」。今までこう言われたことは一度や二度じゃなかったかもしれません。

私もそうでした。44歳でいきなり公務員を辞めると言ったとき、周囲の人はほぼ全員、全否定しました（笑）。「理想はそうだけど……難しいでしょう」「それで飯が食えるなら誰でも今の仕事辞めるよ」と。自分の親には「勤めを辞めて起業したい」ということすら言えず、黙ってそっと退職したくらいでした。

しかし、新しい次元への引越し時代を迎え、ようやく「理想だからこそうまくいく」「楽しいことだから成功する」「好きなことだからこそ結果が出る」。そういう流れになりました。私もその理想のままに生きている証人の1人だと思っています。

気づくと10年近くこの仕事をしていますが、執筆活動や伝えること、教えることが好き、好きなことだからうまくいく、という理想を生き続けています。

好きなことをやっているおかげで生命エネルギーまでパワフルになり、年齢は10歳重ねても以前より元気になったという、ありがたいオマケまで付いてきました。好きなことで生きると、これほどまでの恩恵があるのです。

今は宇宙、地球がステージアップするエネルギーの中にいますから、そのエネルギーの後押しを受けて、本当の自分で生きるほうがうまくいくのです。

宇宙や地球の次元引越しのエネルギー＝本当の自分のエネルギーです。これはイコールなんです。だからうまくいくのです。

にわかに信じられないという方も**「理想を生きるからうまくいく」「好きなことをやるからこそうまくいく」**としっかり決意してみてください。

どんなことも決めること、そこに意識を合わせることから、その波動になっていきます。

あなたの「本心」は何ですか？
「本当にやりたかったこと」は何ですか？
「本当はこうしたかったけど、実は諦められなかったこと」は何ですか？

今、その問いを自分にしてあげてください。

「これが私」と言える、本当の自分に還ろう

ここまで、地球のエネルギーの変化で起きる主な特徴を挙げてみました。

今までと地球の見た目の姿は同じでも、宇宙全体のエネルギーの進化に合わせて、確実に変わっていています。同時に、私たちの意識のエネルギーも変化していっています。私たちの意識のエネルギーも次元を上げていく流れの中にあるのです。

だから、体感が以前と変わったり、思いや考え方、価値観がガラッと変わったり、はっきりするなどの傾向が強くなります。これらは、否定的に見ることではありません。

今までずっと「世間の何か」に合わせ、自分の思いを諦めてきた、本心と違うことばかり行動してきたという自分からしっかり卒業を決めましょう。本当の自分に還る時を迎えているのだと知り、心配せず、「これが私だ」という自分軸を生きていきましょう。

この時代に生まれてきた理由はちゃんとある

私たちは、生まれる前は魂だけの状態でした。魂とは、「本心」「本質の意識」と言い換えられます。その魂が肉体という器に入って、今のこの地球に生まれることを決意して、私たちは地上に降り立ちました。

生まれると、魂だった記憶は忘れてしまいます。稀に前世の記憶や母親のお腹の中にいたときの記憶があるお子さんもいらっしゃいますが。

肉体を脱いだら、つまり死を迎えたら、また魂だけの状態になります。

「そんなことなぜわかるの？」と言いたくなるかもしれませんね。これまでの私の本でも、あまり触れてこなかった部分です。

　ここ2、3年の世界の変化はすさまじく大きく、誰にとっても大変な時期でした。制限を外そうと思って生きているのに、制限を味わう体験や、したいことができない体験の連続だったかもしれません。しかし、この流れの中で必然的に自分の内側に向き合う時間を持てた人も多いのではないでしょうか。

今まで外へ、外へ、と垂れ流していた自分の意識が「私は何をしたいんだろう」「これからどう生きていきたいんだろう」という問いに変わった方もいると思います。それは「自分にしか出せない答えだ」と気づいた方も多いでしょう。

　事実、今、多くの方がこれまで当たり前に使ってきた常識を、自分の世界から外していこうとし始めています。価値観が真逆にひっくり返ったり、他人や集団の考え方を鵜呑みにして採用するような生き方から抜けようとしています。

　このようにさらっと書くとたいしたことないようですが、とても大きな変革が起きています。今までの生き方を手放して、本当の自分の思いで生きていこうとするのですから、潜在意識に沈んでいたマインドブロックまで浮上しているかもしれません。

　その違和感のパワーはすさまじいものです。「本当の自分で生きるって大変かもしれない」と、改めて感じている方もいるかもしれませんね。

それでも、本当の自分で生きようとしている人は増え続けています。もう前の自分には戻らない、戻れない。そう思ってこの本を読んでくださっている方もたくさんいるでしょう。

あなたの魂は、このすさまじい変化を通過する「この時期の地球」に生きることを選んで生まれてきた、とても勇敢な魂です。「本当の自分を生きるぞ。だからこの時代を、この肉体で体験していくぞ」と決めて生まれたのですから！

制限をすぐに解除できる時代へ

大変に思える今の時代ですが、でも本当の自分に戻って魂の自分を生きるようになると、**前までの時代の生き方では体験できなかった豊かさや喜び、年齢に関係なく何歳になっても制限なく願いを叶え続けていく天井のない楽しさを、この地球にいながらにして体験できるようになる**のです。

このこともう多くの方が気づき始めていますね。だから本当の自分で生きたい！　と思うようになっているのです。

私自身は今50代で、昭和生まれです。私の小さい頃は、まだ超アナログ社会で、携帯電話もなければインターネットもありませんでした。人とのやりとりは交換日記だったり、遠方の友人とは文通をしたりしていました。

高校・大学時代以降は社会が急激に進化して、たちまち携帯電話とインターネットが普及して、メールのやりとりが普通になりました。生活が忙しく感じられるようになりましたが、その便利さを享受して、遠くの人ともすぐやりとりができて、様子がわかるようになりました。

また時が経ち、世界の変革の大きなきっかけの1つとなった新型コロナウイルスの世界的な大流行が起きて、社会の価値観自体がひっくり返るような事態となりました。個人の価値観も一緒に反転するような流れです。私が生まれてから、今が一番衝撃的な時代といえます。

田舎で、れんげ畑の中で遊んでいたアナログな時代から、今の時代まで、私の魂は全部体験したかったのでしょう。「どれだけ欲張りなんだろう」とも思いますが、そうすると決めて生まれてきたからこそ、今の地球に生きているのです。

小さい頃は、「○○すべき」「○○せねば」「頑張りなさい」「我慢できない子はダメな子」といった価値観の時代でした。

ところが今はどうでしょう。**「頑張らないでもうまくいくよ」「年齢を超えてなんでも叶えられる」「〝べき〟〝ねば〟は卒業していい」**という価値観になりました。

これだけの時代の変化を、1回の人生で全部やろうと決めてきたのが私たちの魂です。この本を手にとってくださった皆さんもそうなのです。このことをぜひ、受け入れてほしいな、と思います。あえて、この時代に生きることを選んだのだと。制限を与えられることと、制限を卒業して新しい世界を生きることを、一度の人生ですべてやってしまうと決めた魂なんですよ。

第 2 章

年齢ブロックは簡単に外せる！

この章は、年齢ブロックを感じている方に向けて書きました。私の本を手にとってくださる読者の皆さんは20代から60代、それ以上の年齢の方まで大変幅広いのですが、ここ数年はご自身の年齢ブロックについてのご質問や、お悩みをいただくことが多くあります。「○歳だから転職は難しい」「この年齢から恋愛して結婚するのは難しい」など。でも、年齢ブロックは全く必要のないものなのです。

この激動の時代に生きている人は、みんな地球の変革の時期をわざわざ選んで生まれてきた魂の持ち主です。**今この地球に生きながら「真のパートナーや天職に出会いたい」「本当の自分で生きたい」という願いがある方は、もれなくこの変革の時期を選んで生まれてきたのです。**

「よくわからない」と感じるところがあってもOKです。できそうと思うことから実践してみてください。それだけでも、この時代を生きる勇敢な魂は、年齢ブロックを外して、望む現実を引き寄せることができるはずですよ。

思い込んでいる年齢のブロックを外そう

社会からの刷り込みにはいろいろな「裏」があります。メディアの情報の中には「何かを売りたい」とか「不安を煽って衝撃を与えたい」という目的のために、意図的に仕組まれたものもあります。それなのに私たちは、流れてくる情報や聞かされた情報をそのまま鵜呑みにして信じてしまいがちです。

「体は年々弱るものだ」「不具合が出るものだ」と思っていたり、「人間は簡単に死ぬ」というのも代表的なものです。

恐ろしいことに、この意識が自分の生命力を弱めてしまいます。そう思うから体のエネルギーが常に下がった状態に固定されて、結果的に肉体も弱ってしまいます。

私は世間の情報より自分の生命力を信じるようになってから「お母さんは50歳を過ぎて

からのほうが断然元気で若々しいね」と、25歳になる娘に言われるようになりました。

人間の体はそんなに簡単に弱りません。そんなに簡単に病気になりませんし、死にません。**「人はそんなに簡単にくたばらない」と新しい情報を刷り込んでみてください。**

これはすごく大事な意識の使い方です。長い間、メディアの情報を「これが真実だ」と受け取ってきたために、誤った考えが刷り込まれてしまったのでしょう。それは今からすぐ手放せばいいいだけです。

病気は「気の病」と書きますが、「気」とはエネルギーのことです。

人はまずエネルギーから病になります。まだ形になっていないエネルギーが病気の波動をまとったことで、やがて形、つまり肉体が病気になっていくのです。

「本来、私たちの体はそんなにやわではない」とか、「私の体は大丈夫」と、意味付けや意識の使い方を変えてしまってみてください。つまり、「気」を変えるのです。

そうすれば、人によっては自分の世界から病気が消えてしまう人もいるでしょう。

体のブロックを外さないと、年齢のブロックも外れない

「年を取ると病気になるものだ」などと思っていませんか？　病気とまでいかなくても、年を取ると、「弱る」「衰える」「動きにくくなる」「動かなくなる」ものだという刷り込みが多くの方にあるようです。

実は、これらの概念を捨てていかないと年齢に対するブロックが取れにくいのです。なぜなら、体のブロックと年齢のブロックは表裏一体だからです。

特に「アラサーだから」「アラフォーだから」「アラフィフだから」「アラカンだから」という言葉に敏感な方は、往々にして体に対するブロックがあったりします。「〇歳を過ぎるとパートナーは見つからない」とか「〇歳になると好きな仕事に転職できない」などの言葉がよく口から出る方も、体に対するマインドブロックがあるのです。

それが年齢という制限を生んでいます。

人はそう簡単に老けません。これは「白髪が出た＝老けた」とかそういう見た目の問題

ではなく、生命力のことです。

生命力とは現実を創造する直接的なパワーです。**生命力が活性化している状態は、意識（心）と体の波動が生き生きと回っています。**そうすると、気持ちも体も本当の自分らしくいられるという感覚があります。

私は人生を諦めなかったから今ここにいて、好きなことをして生きています。だから本当に年齢は関係ないのです。「〇歳だから……」と諦めていたら、私は今、この仕事もしていません。これまでに何度も生きていることがつらくなったこともあります。ですが本当に、人はそう簡単に死ねないんですよ。死ぬほうが難しい。そのことがすごくハラに落ちたときがあって、その瞬間から私は自分の人生を諦めなくなりました。

そこからは「できない理由は年齢じゃない！」「〇歳だから、というのはただの言い訳」と自然に思えるようになりました。「だって年齢のせいにしたら、いくらでも正当化できてしまう」と気がついたのです。

体に対するブロックを外して、同時に年齢に対する制限を外していけば、何歳からでも願いを叶えることができるのです。

人の現実は思い込みでつくられる

年齢ブロックもそうですが、**人間の現実世界は全部、自分の思い込みでつくっています。自分が思った通りに世界は見えてきます。**

「あの人、私のことを嫌っているかもしれない」と思い込み始めると、本当はそうではないとしても、「あの人、絶対に私のこと嫌ってるとしか思えない」という感じに世界が見えてきます。

また、例えば「この人を助けなきゃ」と思っていると実際に「助けて」と寄ってきたりします。ということは、認識を変更すれば、現実は変わるということです。

念のため言っておきますが、「誰も助けない」というふうに認識を変える、というのは極端です。困っている人が目の前にいたらやはり助けてあげたくなりますよね。

ただ、「私が助けなきゃダメになっちゃう」ではなく、「この人はこの人で大丈夫。私は私のできることをやってあげよう」と認識を変更するのです。自分にできることを無理のない範囲でしてあげたら、あとはその人の力を信頼していく方向に意識を向けておきます。

後で詳しく書きますが、この世は陰陽が1つのセットで動きます。助けたい人と助けられる人は1セットで発生するイメージです。もともと「助ける役割の人」「困っている人」が決まっているわけではなく、「そのタイミングで力のある人が必要なことをする」という意識になっていくと、みんながそれぞれ1人で自立する関係になれます。

どんどん口に出すと、現実の創造スピードが上がる

話を戻しますね。**言葉にすることは、創造のスピードを上げる効果があります。**だから「私は元気」とか「いつもパワーが余っている」と声に出して言ったり、脳内でつぶやいてみてください。

「運がいい」とか「楽しい」も同じです。私は1人でいるときにもつぶやきますが、誰か

と会話しているときなどにも「私って運がいいんです」とか、「やりたいこと、いつもやれてるんですよ」と、**あえて**言うようにしてします。

本当にそう思っているから口から自然と出てくる、というのもありますが、最初は意識的に言うようにしていました。

口に出したことが本音のエネルギーになっていきます。「元気だ」と言っていると、だんだん元気になります。もしも今、不調を感じていたら言いづらいかもしれませんが、「元気だな」と感じる日だけでも、自分にそう言ってあげてください。

これは口に出した者勝ちです。コトダマってすごいなと思います。

「こうなりたい」「こうありたい」というのも口に出していきましょう。これからは今までよりもっと簡単に叶います。

ただし、起きてほしくないことを口に出してしまうとそれも現実になってしまうので、注意してくださいね。「こうなりたい」が動いて「こうなりたくない」だけが反応しないということはないのです。

「運が悪いんです」と言えば、来る運も来なくなってしまいます。「できていないんです」

と言えば、できていない現実が来てしまいます。

もしも「口に出してしまった！」というときは言い直してあげてください。そうすれば大丈夫です。

✴✴わざわざ音にしないほうがいい

当たり前のこととして「人は老けていく」と多くの方は思っているかもしれません。ですが、**「年々弱っていく」「老化していく」という言葉は、わざわざ音にしないほうがいい**です。日常の会話でも言わないほうがいいです。自分の言葉で自分の体に呪いみたいなエネルギーをかけてしまう場合があります。

「○歳になると足腰が立たなくなる」といつも言っていたら、確実にその現実はリアルに近づいてくるのです。

試しに今、ご自身で「私は年々弱る。老ける」と口にしてみると、どんな感じがしますか？

しかも、すでに「弱くなるとか、衰退するとか、老化するという概念は持ってないよ！」という方なら現実への影響はないですが、「これは悪いこと」とか、「あまり心地よくないもの」という意識でしょっちゅう口に出しているとすれば、それがそのまま現実に影響します。

「もう年だから」というのを明るく、否定的な概念なしで言っている場合と、「年を取るのはダメだ。加齢はダメなのだ」という概念で使っている場合とでは影響が違います。

「加齢はダメ」と言っていると、そういうエネルギーフィールドを作ります。ブワーッとエネルギーの膜が張るイメージです。加齢はダメというエネルギーが膜になって、自分の現実を包んでしまいます。

対策は単純です。普段からわざわざこんなふうに言わないことです。

◆◆◆◆

プチワーク

年齢に対して自分の中で何か意味付けていることがあれば、書き出してみてください。「年を取るのは○○だ」「○歳以降になるとこうなる」などです。ポジティブでも

◆◆◆◆

ネガティブでもどちらでも構いません。自分の心に聞いてみてください。

自分の体に対してでもＯＫです。肉体はずっと動いていて進化しますから、認識も変わります。定期的にやってみて、意識の変化を感じてみてください。

年齢に対するネガティブなイメージを書き換える

年齢に対するネガティブな概念・ブロックは、自分にとって気持ちいいものに書き換えてあげましょう。

自分が「○歳だ」と思っていることが問題なのではなくて、「○歳」にくっついている自分のイメージが問題です。年齢はただの数字としてしまいましょう。「年齢は背番号です」と言っている芸能人もいらっしゃいますよね。

ただ、20歳の頃の顔のまま80歳まで生きようとか、それもなんだか変な抵抗感が湧いてきます。例えば私なら、今20代の自分の娘と見た目年齢が全く一緒だったら、ちょっと気持ち悪い……。

年を重ねること自体を無理やり否定してしまうと、それもやはり体に不調が出やすくなります。

そういうことではなく、生き生きとしたエネルギーを感じる若々しさが年齢の概念を超えている、そういうイメージに書き換えてはどうでしょう。

年齢のブロックとは、「私の体はこの程度のエネルギー」と決めつけてしまうこと。このブロックが強いほど、現実への影響も強く出ます。

実は、シワも意識で増えることもあるんですよ。「増える、増える」と日々ずっと思っていると、やっぱり増えやすくなります。脳内の声を細胞が聞いているからです。それでシワまで作ってしまいます。

自分が思考していることや意識の力を見くびらないでくださいね。怖いくらい、すごいパワーがありますから。

美容は年齢ではありません。外から何かを塗ったり塗らなかったりすることだけが大切なのではなくて、それよりも**「こんな私はダメ」と思っていることが自分をエネルギーレベルから老けさせます。**

「○歳だから無理」はもう使わない概念

「60過ぎたら膝が痛くなる。もうダメ」と、うちの親はよく言っていましたが、60歳であることと膝が痛くなることは本来、直接繋がっていません。繋げるとそういう現実が出てきやすくなります。

「○歳だから無理かも」というのは、新しい次元上昇時代では使わない概念だと思ってください。「何歳になるとこうなる」というのは、あってないようなものにしてしまいましょう。

身体能力とか、私たちが今まで持っていたイメージを超えるような人がたぶんこれからたくさん出てきて見本を見せてくれるでしょう。「この人この年でこんなすごいの！　素敵」というような人たちです。今までもたくさんいらっしゃいますが、これからもっとたくさん出てこられるはずなので、そういう人を見てそこにエネルギーを同調し、自分のエネルギーを増長させていきましょう。

老けるとはシミとかシワの数ではありません。老けるとは「感じ」です。その人が放つ雰囲気です。なんだか命が巡っていない感じがする人、いますよね。

昔の私がそうでした。よく職場で仲のよい同僚にトントンと肩を叩かれて「生きてる?」と聞かれていました。「死んでる」と答えるのが合言葉のようになっていました。

冗談のようですが、本当に「私は生きてないんだ」とずっと思っていたんです。つらいことばかりで。そんなふうに「生命力=生きる意欲=創造する意識」が巡ってないと老けるどころか肉体が死んでいるようなものです。そんな状態では宇宙からのサポートの光が自分の体をうまく通ってはくれません。

なぜ今この年齢から出会っていくのか？

なぜ、この年齢まで、「ああ、この人だったんだ」と感じるベストパートナーと出会わなかったり、「これが私の心からやりたい仕事だ」と思う天職に巡り合わなかったんだろう？　おそらく多くの方がそう思ったことがあるかと思います。

なぜ、この年齢まで……と思うのは、裏を返せば「この年齢では遅すぎる」と思うからですよね。つまり、年齢に対するブロックに関係しています。

そんな年齢ブロックがある人こそ、ここからの内容をしっかり読んでください。そして、不要なブロックを外していきましょう！

皆さんの魂はこの次元上昇の時代まで（西洋占星学では2021年12月22日頃から「風の時代」とも言いますね。自由、柔軟性、情報、精神性などを象徴し、風のように目に見えないものの価値が高まり、軽やかな時代と言われます）魂をツルツルに磨きながら待っていました。

以前の制限いっぱいの時代（西洋占星学では「土の時代」と言います。お金、物質、地位、結婚という、目に見える形で豊かになることを重視する時代と言われます）から、次元上昇時代に変わってからは叶うスピードも速くなり、叶う形や、入ってくる豊かさ、感じる豊かさに天井がなくなっています。これまでならできなかったことを容易に叶えていけるようになっています。

こんなに面白い、不思議な時代は、これまではなかったのです。だから私たちはずっといろんな体験をしながらこの時代を待っていたんですね。

念のため言っておきますが、制限がある体験も魂は喜んで設定してきています。どちらもやりたかったことなのです。

タイミングを決めて生まれてきた

私は、「土の時代」に一度結婚して、その後離婚をしていますが、それも自分の魂の設定でした。

私のように各ステージで違う体験をすると決めた人もいれば、時代は変わっても相手とお別れせずに関係性を深めていく人もいます。一方、「今まで出会ってこなかった」という方は、これまでさまざまな体験を通じて自分のステージを上げながら、このタイミングを待っていたことになります。

「なぜこの年齢までやりたい仕事をできなかったの？」という方も同じです。

これは魂が決めていることなので、顕在意識ではわかっていないかもしれません。

でも、もし、ここに書かれていることが信じられるとしたら、そして「これからの人生が楽しく感じられる」「年齢のブロックが外せて叶えていけそう」という気持ちになれたなら、ぜひこの考えを採用してくださいね。

年齢ブロックを超えて、本当の自分で恋愛をする

普段から「〇〇しないと〇〇できない」という断定をしてしまっている方はいませんか？

そう思っていると、本当にそのようになってしまいます。

断定をやめると、年齢のブロックからも抜けられるようになります。「〇歳になればこうだ」という傾向や情報を自然と気にしなくなるからです。

実際、何歳になっていても、シミやシワがあっても、パートナーはできます。出会いと年齢は直接関係ありません。

アラサーとか、アラフォーとか、アラフィフとか、アラカンなどの言葉も、これによって自分が意識の上で線引きをして選り分けしていることに気づいてください。

「あっ、私、この思い込みに入り込んでた！」と気づいたら抜け出せます。思い込みから

抜け出すと決めるだけで、抜け出せるのです。

確かに「アラフォーの○○が」とか、「アラカンなのに○○して」といったキャラクター設定によっておもしろいドラマや映画もあったりします。アラフォーでうまくいかない何とか女子が四苦八苦して人生を好転させていくストーリーは、ドラマで観ていると面白いかもしれません。でも、それに影響されて「私もああなっちゃう」と恐れを受け取ってしまうと、そこで年齢のブロックができてしまったりします。

そういうものはあくまでフィクションとして楽しみましょう。

「こんな女性が好かれる」「男性は若い女性が好き」などという情報なども溢れていますが、これはあくまで例の1つ。限られた枠（対象人数）の統計でしかありません。

あなたはこれらに影響されていませんか？　自分とそこを繋げないようにしましょう。

外の情報に全部エネルギーを持っていかれると、「私はどうしたい？」の自分軸が抜けていってしまいます。

日本だけでも1億以上の人がいるのに、たった100人、1000人という小さな枠の中で作られた常識が自分の概念に入ってしまっている場合もあるのです。そこに気づいて、外していきましょう。

実際、最近は多くの人が「アラフォーだから無理？　それって変じゃない？」と思い始めていますよね。

「おしゃれなファッションだからモテる」ではないし、「綺麗にしていないとモテない」でもないのです。仮に一生、お化粧しなくたって素晴らしいパートナーに出会えて、幸せな結婚生活はできます。

そんなことよりも「自分が自分をいつもどう見ているか？」という意識に注目してみましょう。自分を裁きたくなるときに、心の中に何があるかに注目してみてください。

例えば、「痩せたい」という気持ちが出てきたときに、「なんで痩せたいの？」と自分に聞いてみてください。「痩せると好きな洋服が似合って、もっと楽しくなるから」なのか、「痩せないと恋愛相手が来ないから」なのか、自分の答えをしっかりと見ます。そうすると自分の意識の中にあるブロックはすぐわかります。

こんなふうに、願いの「裏」にどんな思い込みがあるのかを検証していく。それが大事です。**「〇〇じゃないと恋愛はうまくいかない」などの断定から卒業しましょう！**

「情報リテラシー」より「自分の感覚リテラシー」が大事

恋愛以外でも、この断定癖を手放すのは状況を好転させる効果的な方法になります。なぜなら、エネルギーの循環を止めるのは自分の決めつけの意識だからです。

自分の意識や言葉には、確実に思いのエネルギーが乗ってしまいます。「○歳になったら出会いがない」と、「そう思って」口に出して言っていると、本当に縁がなくなっていきます。「この年になったら恋愛なんかできないですよね」と言ったら、やっぱり恋愛できなくなる可能性が高まります。

情報リテラシー以上に、「自分の感覚リテラシー」がすごく大事なのです。主体性を失うと、自分の外側の情報にまんまと巻き込まれます。

自分で思っている、恋愛にまつわる「そういうもんだ」というものの掘り起こしを一度、しっかりしてみてください。ノートに書き出すなどするといいと思います。自分の内側を整理して、不要なブロックを発見したら「これを捨てる！」とやってしまいましょう。

今こそやりたいことをやって生きていく

やりたいことを仕事にしていこうと思うときに、「この年になって新しいことを始めるなんて……」と、やはりここでも年齢ブロックは登場するでしょう。

さらに「周囲にすごく反対されている」とか、「そんな甘いものじゃないから無理」という考えが頭から離れないなど、いろんなネガティブに悩まされるかもしれません。

仕事については後の章で扱うので、ここではさらっと触れるのみにしますが、極論、どちらでもいいのです。やりたいことを仕事にしてもしていなくても、どちらでもいいのです。

ですが、「自分は本心でどうしたいか？」。この声をちゃんと聞いてあげることは、やっぱりやってほしいと思います。

心に嘘をついていませんか？　本心を叶えてあげていますか？

私は教育公務員を辞めて転職し、起業しました。44歳のときです。

当時、「今さら無理だよ」と、周囲の人ほとんどに言われました。賛成意見を言ってくれる人はほぼゼロでした。

それでも私は自分の本心が向かうほうを選びました。やりたいことを見つけてしまったこと、その思いに嘘がつけなかったことがその理由です。うまくいくかどうか、やっていけるかどうかは二の次でした。「天職に気づいてしまった！」この喜びのほうが大きかったのです。もちろん教員も天職として就きましたが、自分の意識が変化していき、次の時代を生きるだけの次なる天職に気づいたのです。

だから、44歳までに自分がいろいろ学んできたこと、前職で得たスキルや知識も含め、すべて今に活かされています。**「やっぱりこの年齢まで待っていてよかった」**と、起業してからそう思いました。

起業したときは、この次元上昇時代を見据えてはいませんでしたが、やりたいことをやるほうがうまくいく時代が来ることは、感覚でキャッチしていたのだな、と思います。

もし、やりたいことと出会って、「これを諦められない」という思いのほうが勝ったら、その天職の道に進めばいいと思います。

その都度、年齢のことは関係なく、「自分は本心でどうしたい？」と心の声を聞いてあげてくださいね。

第 3 章

体のパワーは創造力の源

新しい次元上昇時代ではますます、体の波動が大切です！　体の波動とは、体のエネルギー、パワーのことです。

私たちは、体のパワーは加齢と共に下がってしまうものだ、という情報を刷り込まれて、それが当たり前だと思って生きてきました。その概念は捨ててしまってください。

体のパワーは、どんどん現実を創造していける生命力ともいえます。願いを叶えて思い通りに生きる力です。

この生命力は年齢に関係なく、生きている限り高めていけます。

体のパワーをダウンさせるような概念で、自分で自分に制限をかけていませんか？　もし長い間そうしてきたなら、それもダミーであることに気づいて、制限を解き放っていきましょう。

体に対する「恐れ」を解放しよう

体は年々弱るという概念を手放すこと。それは恐れを解放することでもあります。

恐れというのは、心配とか不安とか自己否定というものの総称です。

「自分が何を体験したいのか」ということを問いかけていって、それを叶えるために外していくものは、常に恐れです。怖がっていると先に進めないし、それ以上楽しい現実も作れません。

また、「この先、悪いことになるかも」と恐れる、意識する。もう、その時点で悪いことになるという現実のもと、種を作っているわけなのです。

だから、ここの意識を解消すればいいのです。「悪いことはなし！」とシンプルにしっかり決めて、その意識を維持すればいいだけです。これが恐れの解放です。

恐れを解放するとは、恐れと敵対することではありません。むしろ、恐れを受け入れるという感覚です。

私は自分の体は簡単にダメにならないと思っている一方で、逆に病気になることも否定していません。ちょっと矛盾して聞こえるかもしれませんが、自分の生命力を信じながら、病気になることも受け入れています。

例えばカゼだってひくときはひきますし、ありがたい浄化作用だとすら思っています。日々私たちは食事を摂って食べたもので体が回っていますが、栄養を吸収して不要なカスになったものも体内に残りますし、本来摂らなくていいもの、食品添加物のように摂ると負担になるものも避けられません。それを排出するのが排泄作用だったりしますが、カゼもそうした浄化作用だと思っています。だから、デトックスが必要ならカゼをひくだろうと思っていますし、そんなありがたいものを否定したりはしません。

これがカゼをひくことを受け入れている、ということです。**受け入れたものとは敵対しないので、結果、あまり体調不良になりません。**実際、何年間もカゼもひいたりしていません。

100%ポジティブ、100%ネガティブはない

どんなことも否定してしまうと、そこで分断が起きます。

次元上昇時代は陰と陽が1つに溶け合う時代とも言われます。陰と陽はネガティブ、ポジティブと言い換えられます。このネガティブとポジティブのどちらかに優劣をつけたりせず、同じように扱って1つにまとめていく。これが融合とか統合と言われるものです。

今までみたいにネガティブとポジティブをあえて分けるというのは、これからは時代に逆行してしまいます。**自分のネガティブとポジティブは「2つで1個（1セット）だったんだ」**と気づいてください。

ネガティブが嫌だから排除する、というのを繰り返していては、現実は常にジェットコー

スター状態になります。ネガティブを避けるために急に曲がったり、ポジティブを極めようとしてどんどん登ろうとしたり、だから激しいアップダウンばかりを繰り返して、肝心の豊かさを感じる暇がありません。これでは楽しいはずのジェットコースターもだんだん嫌になってしまいます。

しかも、これを続けていると、いつまでも「超人間ドラマ」になってしまいます。強烈な「できない！」という条件をつくって、そこから這い上がる根性論ドラマみたいなものです。「立て、立つんだ！」という根性論も悪くはないですが、自分が望む方向に変わるのに時間がかかってしまいます。もちろん、生まれる前に超人間ドラマをやると決めてきた魂の設定も1つの創造の形ですし、味わいたい人にとっては醍醐味なのですが、みんながそれをやる必要はありません。

極端に「二極」ばかりを体験していると、気持ちがしんどくなり、創造の実行部隊である肉体に負担も出てきます。

これから「病気がなくなっていく」という世界を選んでいく人は確実に増えていきます。ですが一方で、嫌なことが起きて、いいこともあって、というのが人生であることは、これからも変わりません。

「一生の間にいいことと、悪いことの量は決まっている」とか、「私は何割ぐらいいいことと使っちゃったんでしょうか」とか、**いいことと悪いことを分けること自体が時代遅れになっていきます。**

どちらも2つで1セット。だから私は「全部いいことでもいいんじゃない？」と思っています。嫌なことが起きたときにも、これが良いことに繋がるためのプロセスだと思えば、それは否定すべきことにはなりません。

すべてを「善だ、悪だ」とバサバサ切る癖があれば、そんな自分を緩めていきませんか？

物事は太極図のように見る

この世界には二極があり、対極があることは間違いありません。陰と陽、絶対に両方あるのです。だから、陰の存在も否定しない。太陽だけもてはやして月は嫌だとか、昼はいいけど夜は嫌だと言ったりするのはナンセンスです。

片側だけが喜ばしいと思っていると片側のパワーしかきません。ポジティブだけがいいと思っている人は、ポジティブな力は活用できるけどネガティブからは全く学びが起きないことになります。嫌な体験をしたら「嫌だった」で終わってしまい、そこから何も学ばないと、また同じような嫌な出来事を作ってしまいます。そういう年の重ね方はもったいないと思います。

「太極図」を見たことがありますね？　黒と白の勾玉《まがたま》が絡み合ったような図形です。よく見ると陰（黒い部分）の中に小さい陽（白い部分）があり、陽の中にも小さい陰があります。これが宇宙全体の仕組みです。**100%ポジティブだけ、100%ネガティブだけなんていうことはあり得ません。陰も陽も存在を認め受け入れ、認め合うことでそれらは初めて1つに溶け合います。**

どちらも同じ価値、どちらも中立と見て、1

個に受容してみてください。それが「太極図」であり、陰陽が1つに統合される、溶け合うということです。

融合や統合はどこでするのかというと、自分の内側（意識）でするものです。全部私たちの内側に入っていて、全部内側から生まれ出ます。そういう意味では案外、宇宙は小さいともいえるのです。

学びのために起きる現実もある

時として自分が何かに気づくために、その出来事を体験しなければならないこともあります。わざわざ体験しなくていいことを自分の思考や意識で作る必要はないですが、それを経験することによって受け取るべき気づきや学びが自分にある場合、お知らせとして現実がくることもあります。

だから、**現実に起きることに対しては、どんなことも否定しなくていい**のです。

それより、「この体験はなぜ起きたのか?」「ここから何を受け取ったらいいんだろう。何に気づいたらいいんだろう?」という、自分への問いかけや宇宙への質問に変換してみてください。すると、次の次元へ現実が動き出します。

人によっては、ガーンと岩が落ちてくるような体験をしてハッと覚醒したり、どん底で行き詰まったときの気づきから大成功を収めたりもします。

ただ、あまり心配しなくても大丈夫です。こういう振れ幅が大きい変化は、これからグンと減るだろうと思っています。実際、私自身の体験もそうなっています。

自分で「八方塞がりです」という状態をわざわざつくって、その中から上がっていってもいいのですが、もっとスムーズに、軽やかに変わっていくほうが楽ですよね。それがスタンダードになる時代に入っています。そのように創造のプロセス自体も大きく変わっていくと私は確信しています。

起きたことには抵抗しない！

とはいえ、自分の魂の成長にどうしても必要なことだけは、起きるときには起きます。そんなときは、起きたことに抵抗しないというのが大事です。

例えばコロナ禍が起きたことを「すべて悪だ」と言いきってしまうと、コロナから学ぶこと、気づけることが「価値ゼロ」になってしまいます。「恩恵ゼロ」になってしまうのです。

コロナ禍が起きたことで大変な思いをした方もいるでしょう。ですが、その一方で、内面が変化したり、本当の自分を思い出した方もいるのではないでしょうか。

だから、起きてしまった出来事は、どんなことでも否定しないほうがいいのです。


悪として排除すると「強烈な二極を体験する」という現実を作るだけです。「めっちゃ嫌！」という状況を延々と生んで、それを通過して「何とか抑えられました」という変な達成感を感じるような経験をして、この2つを行ったり来たりしたり……ずっと終わりません。

悪として見て排除するスタンスではなく、先にも書いたように**「ここから学ぶことができるのは何だろう？」といつも質問に置き換えてみてください。**そうすれば、必ず次の現実化にいいふうに繋がります。

「私の体ってすごい！」で創造力アップ

自己免疫力とは「病気にかからないようにしましょう」という文脈で使われることが多いですが、実は、自己免疫力は、創造力と直結するものなのです。創造力とは、何もないところから現実を生み出す力です。

創造をするために私たちは体を持っています。だから、体のパワーが落ちると創造力が落ちます。創造のパワーが落ちると、現実のパワーも落ちてしまいます。不安ばかり形にしてしまったりもします。

そうならないように、「私の体ってすごい！」と、まず体に対する肯定感を上げる必要があるのです。そうしたら体がどんどん創造したことを実現していってくれます。

免疫力とは、私の言葉で言い換えるとあなたの中から出る愛のエネルギーのこと。内臓に負担をかけない成分でできているサプリメントなども免疫力を上げる良いサポート役ではありますが、**一番の免疫力の源は自分に対する愛情**なんです。

地球がエネルギーをどんどん上げていく次元上昇時代は、愛がテーマだと私は思っています。免疫力も、あなた自身が自分の力を信じるという愛で強くなります。

最大の愛というのは、やはりすべてを否定せず、まるごと受け入れることです。今、何が体に起きていても、どんな状況でも、良い悪いの分け隔てなく受け入れる。自分の嫌いなところも分け隔てなく認めてあげる。それが一番の深い愛です。これだけで自己免疫力はすごくアップします。

私は体のためにものすごくお金を使ったり、特別な何かをしているわけではありませんが、自分への愛はたくさん伝えるようにしています。そうするようになった50代になってからのほうが、昔よりもずっと元気になりました。やがて、病気をしない日もやってくるかもしれません。

私だけじゃありません。自分への愛によって免疫力を上げていけば、人生70年、80年どころか、100年、120年だって普通になるような気がします。

そこまで生きなくてもいいという人もいるかもしれません。でも、人生100年なら、私の場合はまだ半分ほど。これからまだまだたくさんのことを体験していけると思うと嬉しいです。

それを楽しんでいくために何が必要なのかというと、生命力と、それを支える免疫力です。これは決してお金では買えません。自分への愛によって養われるものです。

体のエネルギーを無駄遣いしない

多くの方が実は無意識に体のエネルギーを無駄遣いしています。だから「しんどい」という言葉が口からしょっちゅう出てしまいます。

なにがエネルギーの無駄遣いかというと、まだ起きていないことや、うまくいかないことを思考する時間です。そこに使うエネルギーは無駄になってしまっています。

思考する、気持ちを向けるということは、自分のエネルギーを使います。それは生命のエネルギーです。必要ないことにまでたくさん気持ちを使うと、バッテリーの充電量がどんどん減ってしまうように、生命のエネルギーが枯渇していきます。

エネルギーの無駄遣いをしないためには、捨てるものがいっぱいあります。

まず、必要のないところに気を遣うのはやめましょう。そんなことを1時間もしていると、「ウー……」と行き詰まって、「チーン」とエネルギーが切れて、「もう今日はこれから何もしたくない」となってしまいます。

私たちは創造することをメインの目的に生きているわけで、創造に使うエネルギーを違うところに投資するのはもったいないことです。それも「なんだか疲れるな……」という現象を起こす原因になります。実際、肉体の疲労感が何倍にも増してしまいます。

エネルギーを創造に使ったり、やりたいことや楽しい作業に没頭していると、何時間も経っていても疲れません。「こんなに時間が経ってた？　でもまだやれる！」というふうに、いくらでも続けられます。エネルギーを無駄遣いしなければ、その状態にいつもいられます。

エネルギーを充填させるために、中心軸に自分を通しているイメージを持っていましょう。それは軸というより、光の柱のようなイメージです。光の柱はオーラのようなものです。オーラは自分の体のまわりだけでなく、外側にも光が広がっています。私たちは本来、そういう光に守られているんですね。

「中心軸に自分が通っている」と意識して、「私は軸を通しています」「軸が通っています」と脳内で言葉にしましょう。そして、その中心軸から抜けないこと。これがとても大事です。

「自分の中心軸に人が入るのを許可しない」と決めておくことも大事です。人の影響を受ける必要はないのです。もちろん、誰かに干渉されている現実があるとなかなか難しいと思いますし、その現実が目の前にあるから力を持ってしまうことがあります。それでも、少しずつ脳内で「許可しない」と言ってください。それだけで現実は変わっていきます。

必要のないところに長居をしない

「必要のないところに長居をしない」ということも、エネルギーを無駄にしないために、ぜひ覚えておいてください。不安になったら、その不安をずっと持ち続ける。心配になったら、そのことを1日中考えている。これは長居しすぎです。さっさと終わらせて、次に向かいましょう。

心配する気持ちが出てきてもいいですが、24時間ずっとそのままで、それで1日終わってしまうのは、明らかにエネルギーの無駄遣いです。これは癖のようなものですから、減らしていきましょう。

気分転換を適宜挟んで、少しずつでも心配ごとに費やす時間を短くしていくのです。24時間だったのを20時間にして、10時間にして、5時間にして……という感じで、不毛な長居はなるべくやめましょう。必要な執着だけすればいいんです。

不安や心配を手放すために、モヤモヤする気持ちに関わる必要な時間というのはもちろんあります。受容してもすぐに消えなかったり、弱くならないこともあるでしょう。ですから適宜、必要な時間だけかけるということを意識しておくと、案外、長居しないですみます。

「体に聞く」を習慣にする

体の感覚を感じる、対話する。これを習慣にしていきましょう。どんな感じ方でもいいですが、自分の体に意識を向けたり、問いかけたりしてみます。腕や足、お腹とか、どこか一部に意識を合わせて聞いてみてもいいです。

数十秒でいいので、どこか自分の体に触れながら意識を向けて「今日1日どうだったかな？」などと聞いてみる。それによって感じる感覚を日々受け取るようにすると、自分の体のエネルギーが今どういう状態かが、どんどんわかってきます。

「体は喋らないのに？」と思うかもしれませんが、体は喋りますよ。「あのね」と話しかけてくるわけではないですが、体調や、「ここの疲れをとって」というように、そのときにしてほしいことを**感覚で**届けてくれます。

「肩が凝ってる」「なんか目が疲れてる」「とにかくお腹が空いてる」。そんな感覚がきたら、否定せずそれを眺めてみるイメージでいてください。それがコツです。

何か不調が出ていれば「何をしてあげたらいいか教えて」と問いかけてみると、体が教えてくれます。必要なことがわかったら、それをしてあげてください。

「お風呂にゆっくり浸かるといいのかな」と感じたら、逆にそれも体に伝えてみてください。きっと答えてくれますよ。

答えをくれないだろうと疑っているとわからないままですから、「体がこうしてほしい、という感覚は来る」と信じるところから練習してみてください。

体と対話をすると体のパワーが上がる

正直な体の声を受け取ることが、どれほど大事なことか！

対話することで自分の体が本当は何を欲しているかわかるので、体のためにしてあげるといいことのあんばいも判断できます。どれだけご飯を食べたらいいのか、何を食べたらいいのか、どれくらい休息を取ったらいいのか、自分にとっての正解が自分で出せるようになります。**何より、体と対話するほど体と仲良くなれます。すると体のパワー自体がグンと上がって、簡単には不調になりません。**

「あの本にこう書いてあるから私はこういう生活をする」と鵜呑《うの》みにするのではなく、「この本に書いてあることを参考に、私はこのように実践する」というようにスタンスが変わります。そうやって自分の体に合ったことをしてあげられるようになるのです。

「ただそうであるだけを感じる」というのは本質の感覚、魂の感覚です。

「どうすれば、それが正解かどうかわかりますか？」というのはエゴの声です。エゴは正解を探すのが大好きです。間違えたくないというのがすごく強いのです。良いことと悪いことの二極があって「悪いことを起こしたくない」というのは、自分の内側にあるエゴの声です。

もしも体の声を聞いているときにエゴが騒ぎ出したら、「何か言いたいことがあったら言ってごらん」という感じで黙って言い分を聞いてあげてください。

エゴが何か言ってきても「そうなんだ」という感じで留めておけば大丈夫です。

体に意識的に触れる

体に意識的に触れてあげてください。手でも足でも頭でも首でもどこでもいいので、ぜひ家にいるときに、体に声をかけたり問いかけたりしながらやってあげてみてください。

そうやって体とコミュニケーションを取ると「こういう現実を作るぞ！」という意識の決定に体がきちんとついてくるようになります。自分の意識と同じレベルで体の波動が上がってくるようになるのです。

三次元から五次元へと意識は簡単に上がっていきますが、体は形があるぶんエネルギーが重いので、意識に体がついてこないことがあります。そうなると解離が起きてしまいます。

意識（心）と体は2つで1セットの夫婦のようなものですから、体が意識と一緒についてきてくれるように、私たちが働きかけをしていったほうがよいのです。そのためには体に触れて対話するというのが、効果があります。

次のように、問いかけの練習をしてみてください。

プチワーク

「今日どうだった？」と体のどこかに触れてみてください。頭でも、胸でも、お腹でもどこでもいいです。そっと聞いて、どんな答えが出てくるか、少しの間、待っていてあげてください。

自分の体がなにか反応したらメモしてみてもいいです。

家族の体に触れてみる

大切な人や家族とも触れ合って、愛のエネルギーのコミュニケーションを大事にしてください。

お子さんを育てておられる方は、お子さんの体に触れてお話ししてあげてください。親と話をするときも、背中や肩をさすってあげて「最近どう？」という感じで、言葉だけではなくて触れてみて、コミュニケーションをとるのです。

肉体を大切にするというのはいろんな感覚を感じるということです。

見えない意識が相手を助ける、そういう時代です。だからこそ、言葉ももちろん大切ですが、ただ親の背中に触れてお話ししたり、パートナーや家族の肩を揉みながら会話をする。

それだけのことが、とても素晴らしいエネルギー交換になっていきます。

自分に合うものを体に入れる

脳の癖を変えるためには、思考パターンや意識を変えるだけではなく、習慣自体を変えてしまうことです。そのためにお金や時間をかけて取り組むのも、私は時としてとても大切なことだと思っています。

その環境に入って「そうせざるを得ない！」というところに自分を置くと、勝手に修正されていく部分がありますよね。半強制的にそういう環境にしてしまうのです。

これは自分に対する大きな愛情をかけることでもあります。ちゃんと自分の健康のために、合う食事やライフスタイルは何なのかということを体に聞いて、食べたいものやそのときに必要なもの、栄養や休息を与えてあげる。そういうことを大事にしましょう。

化学的なものをたくさん取り込まなくても、普通に食事をして、普通に睡眠をとっているだけで人間は元気なんです。

だからこそ、体の中に入れるものは大切です。私は食事のように見えるものも、空気のように見えないものも、必要なものしか取り込まないようにしています。ついでに言うと、情報などもそうです。

自分の心に従って、取り入れていくものを変えていく

自然や食べもののエネルギーを、自分の体に合うもの、心の感情に合うものだけを取り入れていくと、だんだん好みが変わってきます。現に今、味覚や食べたいものが変わってきている人もいることでしょう。私も、ここ数年で食の好みや体が欲するものが変わり、お肉などはあまり食べたくなくなりました。

このように、体に与えてあげたいものが変わってきたら、その通りにしてあげてください。自分の心に従って、食べたいものや与えたいものを変えてみてください。これが自分の中の自然と調和して生きるということの第一歩になります。

これも本当の自分を生きるということです。

ただ、食べ物自体に善悪はありません。自分がそれらをどのように利用するかです。食品添加物自体に罪があるわけじゃないのです。遺伝子組み換え食品もどちらも人間が作りました。この認識はすごく大事です。私たちは「この食べ物め！」と、食べ物ジャッジをしがちですが、結局どれも人が作っているものです。

大事なのは、自分が何を取り込みたいかというのを、体に聞いて与えてあげること。そして、**自然の恵みには素直に感謝をすること。**すべての食べ物や植物、この世界にある人間が使わせていただけるすべての恩恵ある存在を祝うのです。これが意識に根付いている人は物にもなぜか困らないし、お金にも恵まれるようになります。

寝る前に2秒でエネルギーをリセットできる

きちんと寝ることもとても大事です。しかも、寝る前にエネルギーリセットをしてください。

「今日は疲れたな」という日は、まず体に触れながら労いと感謝を伝えます。

その後に、「朝、起きたら新しい私！」と思ってから眠りにつくといいです。すると、寝ている間にエネルギーがリニューアルされる感じで、毎日生まれ変われます。朝起きたら「まるで別人！」ぐらいの自分になれています！

寝ている時間は心の抵抗が働かないため、潜在意識にコンタクトしやすくなります。そのためにも寝る前の状態を少しでもよいものにしてあげてください。心地よい香りを嗅いだり、好きな照明にしたり、寝具を快適なものに変えるとか、とにかく体が喜ぶことをしてあげます。リラックスした部屋でゆったりと寝るようにすると、潜在意識とスムーズにコンタクトできますよ。

1日の終わりに意識をどこに着地させるか

人生を変えるのには2秒しかいりません。**引き寄せのためには、1日の終わりに意識をどこに着地させるかが大切です。寝る前の2秒で人生は変えられます。**

その2秒で喜びのエネルギーをじんわりと味わって、体に波動を伝えて広げていく感じです。「あぁ、今日のあれ、良かったな」「ありがたかったな」「穏やかだったな」などと感じたことを1日1個でいいので探してみてください。

「ありがたい」って、最初はちょっと探しづらいかもしれませんが、小さなことでいいんです。例えば「今日はパソコンを使いすぎて目を酷使したな」と思ったら、ホットアイマスクをしながら目に対して「今日もありがとうね……（じんわり感じる）」、ただこれだけです。

「あぁ、良かった」と思えることが何もなかったと思う日もあるかもしれません。だったら体に「お疲れさま」と言って寝るだけでもいいです。自分を労って潜在意識に悪い影響などあるわけがないですし、それどころか寝ている間に労いの優しいエネルギーが体中に浸透します。

これを30日間、試しにやってみてください。実際に体でやらないとどういうことかわからないので、続けてみてくださいね。

瞑想するのもおすすめです。瞑想は、実はそんなに大層なことではないんです。静かに心の感覚を取り戻す。それでもう瞑想をしたことになります。詳しいやり方は251ページを見てください。

体は期限付き。最後まで大切に使おう

この顔も、この体も、1回きりのものです。そこに価値をすごく感じてほしいと思います。

今の体で生きる100年、人によっては130年くらい生きる人もいるかもしれませんが、いずれにしても、その間に体験したいことはすべて「体を使って」することになります。この三次元では体がしっかり動いてくれない限り、「いいな」と思う人とデートすることもできないわけですから、体サマサマです。

コーヒーを飲んだときに「コーヒーっておいしいな」「この苦みがいいんだよね」というのは肉体があるからこそ味わうことができます。

大好きな人と手を繋いだときに、「好きな人の手ってあったかいんだな」と感じる体験。

これも意識だけではできません。肉体がないと無理です。イメージの中で手を繋いだり、腕を組んだりするのも悪くはないですが、それも本当は、その人と一緒にいる空間を物理的に持ちたいわけですよね。

✳✳体をどんどん活躍させる

体は期限付きで宇宙から借りている、と私は思っています。お返しするものだから、最後まで大切に使わないといけません。普段の日常生活でも誰かに借りたものを荒っぽく扱ったりしないのと同じことです。

死んだときにあちらの世界に持っていけないものは、みんな今という「限定」でお借りしているもの。そう考えると、お金なんかは本当にただの借り物ですね。どう逆立ちしても違う次元に持っていけません。

いつも離れないで在るのは自分の意識（魂）だけです。人間は肉体の中に意識が入っているという不思議な存在です。肉体という物質と、意識という目に見えないものと、２つの構成要素があるのです。これが１個になって人間を構成しています。

意識は死ぬと体を抜けて、また次の体に入ります。だから、今のこの顔と体は今生のみでお別れです。

だからといって体を大事にとっておいて、使わないようにするのではなくて、大事にどんどん使わせてもらいましょう。体を活躍させてあげましょう。

実感・体感をさせるために体はあります。使わないものはもらっていない（お借りしていない）ということなのです。この認識、大事ですよ。住んでいる家よりも、使ってない空き家のほうが傷むのと同じで、体も使わないともったいないです。

さぁ、この次元で体を使って何をしましょうか。例えば「仕事でこうしていきたい」と思うことがあるなら、「自分の体をどう活躍させてあげられるだろうか」というふうに問いかけてみてください。すると、自分の体をめいっぱい使ってできることが出てくるようになります。

願いを叶えて思い通り生きるためには、体のエネルギーがついてこないと完成しません。体を酷使するのではなくて、楽しんで生き生きと使ってあげると、どんどんいいエネルギーを引き寄せていきます。

魂が設定した寿命まで生き生きと生きる

人は自分が生まれるときに魂で設定してきた寿命があります。その寿命までは何があっても生きます。

設定した寿命は人によって違いますし、私も自分の魂が何歳まで設定しているのかわかりません。明日になったら死んでいるかもしれませんし、それは未知数です。

でも、私は「明日死ぬ」と仮に言われても大丈夫な生き方を意識しています。毎日にできるだけ悔いを残さないように行動しています。

大切な人に連絡したくなったら連絡してから寝ます。夜でも「あの香りのいいコーヒーを飲みたい」と思ったら淹れて飲みます。体からのNGのサインが出なければ、なんでも好きなことをします。逆にダラダラしたいと思ったら心底ダラダラします。トドのように横たわっているだけの日もよくあります。

そして、毎日、毎日、私は「なんかわからんけどこれで良し！」と言ってからその日を終わるようにしています。

その瞬間、その瞬間、後悔しないようにという生き方です。

棺桶の中で「あー、あれが心残りだ」と思うような終わり方は避けたいと思っています。そうやって、**この体を体験し尽くして死んでゆく、**これが私のモットーです。人生にはどんな死に方をしてもちゃんと学びはあるのですが、私はこのように寿命や生死をとらえています。

脳が何かに繋がれて、バーチャルな体験をして楽しみながら延々と生きる。実現可能になったら、これからの世界ではそれを選ぶ人もいるでしょう。ですが、私は選びません。肉体年齢の最後まで生きて、そのあとは未練なく、さっさと宇宙に還ろうと決めています。

年齢にしばられると、元気で長生きできなくなります。今後の世界では、単に寿命を延ばすこと自体が重要なテーマではありません。健康寿命を延ばすことがテーマです。

ただ、生きながらえたいわけじゃありません。死ぬ直前まで、その瞬間までずっと「生き生き元気」「ではありがとう！　バタッ」と死んでいきたいです。

私は父を癌で亡くしました。今の私の年齢とほぼ同じ年齢で父は亡くなりました。最期に「お父さんはまだやりたい仕事がある」と病院で話してくれました。ギャンブラーではありましたが、会社での出世は早くて、仕事が生きがいの父でした。それでも、まだまだやり残したという心残りがあったようです。

そのときから、私は生き生きと最後まで生きるということを決めました。

そして今、この仕事を通じて、そういう意識と行動のサポートをしたいと思っています。

第4章

愛が増え続ける恋愛・結婚・パートナーシップ

本当の自分（自分軸）で生きるとは、自分の外側には答えがないということ。みんなそれぞれ正解が異なっているということです。当然、パートナーシップに対する考え方や形も大きく変化していっています。

この章では、そんな次元上昇時代に照準を合わせたパートナーシップについて書いていきます。

恋愛というテーマ1つとってみても、やはり自分の内側にしか答えはありません。**自分の内側を見つめていくことで、今の悩みや状況はちゃんと超えられるし、何歳からでも、いつからでも、「今の自分」にぴったりのお相手と出会うことは可能です。**

特に「恋愛に対して年齢のブロックがある」と思い当たる方は、この章には熟読してほしい話がたくさんあります。年齢ブロックを超えて、最高の人生を学ぶパートナーと繋がるヒントをお届けできれば幸いです。

パートナーシップは「学び」

のっけから夢のない話でごめんなさい。

「人はなぜ人を好きになるのだろう?」「なぜ結婚したいと思うのだろう?」「そもそも、パートナーシップって何!?」という疑問に対して、私はいつも「学びです」と即答しています。

学びと言われると夢がない気がしますか? 勉強や修行を連想する方もいらっしゃるかもしれませんが、違いますよ。「つらい、苦しい、しんどいだけの学び」ではありません。

私は**「パートナーシップほど人を成長させるものはない」**と、いつもお話ししています。

自分の魂の成長です。精神性、霊性、つまり内面の成長です。自分が生まれた意味や、自分はどういう存在なのかをパートナーシップを通して知ったり、高めたりすることができます。

この学びを究極のところまで突き詰めていくと、やがて無償の愛を学ぶところにたどり着きます。無償の愛とは、「自分に対する全面降伏＝自分を全面受け入れる」という愛です。同時に大切な相手に対しても、すべてを認めて受け入れる。これが最上の愛です。自分への愛と相手への愛の両方です。

「溺愛されたい」とか「こんなプレゼントをもらったら嬉しい」というパートナーシップも悪いわけではないし、それも楽しいことです。ですが、そういった体験を終えた人は、その後は無償の愛への学びへ移っていきます。

「相手に何かしてもらいたい。それで愛を確認する」という段階を終えて、相手の存在自体に愛や感謝を感じ、相手の存在自体がギフトだと思えるような関係にたどり着いたとき、枯渇感が消失します。自分の中の「何かが足りない」という感覚はもう二度と顔を出すことはないでしょう。

そして、今の時代、今の地球に生かされている自分がどれほど尊いものか、奇跡のような出会いのサイクルの中で、たった1人と繫がった縁がどれほど素晴らしいものかを知ることになります。

お互いに高め合い、魂を磨き合う出会いが増える

パートナーシップと書くと、恋愛とか結婚だけに意識が留まってしまいがちですが、広く人間対人間の関係と見てください。

エネルギー次元が変わっていく流れの中で、誰かとお付き合いをする、好きな人ができる、これは友人関係もそうですが、お互いを高め合い、魂を磨き合うための出会いが圧倒的に多くを占めるようになります。

なぜなら、波動の法則で世界は成り立っているので、自分に合うエネルギー（波動）の人としか本当の縁ができないからです。「本当の自分＝宇宙のエネルギー」と同じなので、同じステージやテーマの人と繋がっていくしかないのです。

その行動の中で、自分への否定感とか、自分には価値がないという感覚が「もう、それは手放すときですよ」というサインとして、どんどん上がってくることもあると思います。それを好きな相手と共に解消していくという学びが起きていきます。インナーチャイルドの解放なども同じです。

これからは、人間同士がただ形で結びつくのではなくて、「エネルギーや心の次元でしっかりと結びついている」という時代になっていきます。まさに「赤い糸」の感覚を、多くの方が「ああ、わかる」と感じていくことになるはずです。

すでに結婚されている方や、お相手がいる方は、さらに結びつきを深め合っていく。そういう段階に入ります。素敵ですね。

新時代のパートナーシップで体験すること

これから、ありのままの自分、本当の自分に戻っていく中で出会う恋愛・結婚・パートナーシップではどんな体験をするのでしょうか？

「パートナーシップは学びです」と書きましたが、この時代になるまでベストパートナーとの出会いを待っていた人が体験することは、ステージの高い学びです。「どれだけしてもらえるか？」というクレクレの関係性でもなく、相手をコントロールして自分の思い通りに動かす関係性でもなく、お互いを受け入れ合い、認め合うことがベースの関係性を体験していくようになります。**与え合うことが喜び、相手に豊かさを渡していくことが楽しみ、という関係性です。**

本当の自分で出会っていくので、頑張ることもなく、自然体でうまくいきます。

条件や世間体で繋がる愛ではなく、人に自慢するためのお相手でもありません。ただ相手が自分の世界に生きていてくれるだけで日々最高の幸せを感じる、お互いが癒しの相手となる、そんなパートナーシップを体験していきます。間違っても相手がいない場所で「うちの旦那は留守のほうがいいわ」なんて愚痴るような学びのステージではありません。

与える。受け取る。受け取って、また相手に与える。この終わりない愛の循環をするために、今まで準備してきました。今までいろんな出来事を通じて、本来の自分に少しずつ近づいてきました。与え合い、渡し合うパートナーシップができる相手に、磨かれた魂の状態で出会う設定だったのです。

だからこそ、いろんな体験を積んだ今から、この年齢でやっていくのです！

三次元パートナーシップから五次元パートナーシップへ

過去の地球では、本当の自分を生きるのが難しかったのですが、ようやくこれから本当の自分で生きていけるようになります。

これまでの三次元エネルギーのパートナーシップにはいろんな概念やしがらみもくっついていました。例えば「親を安心させたいから結婚したい」という考え方も三次元的な概念です。「自分の一番の思いは何か？」の部分がスコーンと抜けているからです。

五次元エネルギーの世界で生きるために必要な切符こそ、「自分軸」です。本当の私＝自分軸で生きることです。

自分も五次元エネルギーになっていくと「他人にこうしてあげたいから」という自分以外の思い優先で、恋愛・結婚を決めるようなことはなくなっていきます。「親のために」

というのは一見素晴らしい愛のように見えますが、自分を一番に生きてはいないのです。

私がどうしたいのか？　をナチュラルに選択して生きられるようになれば、かなり五次元エネルギーに近づいています。他人軸の生き方、他人の目線を常に気にすることも卒業し、ただ自分の決めたことを信頼している状態です。

ご自身がこういうエネルギー状態になっていくと、出会う人ももれなく同じエネルギーの人が来ます。似たような波動の者同士が引き合うという引き寄せの法則が働くためです。

三次元のパートナーシップでは物質的なことが優先して意識に置かれていました。どれだけ財産を所有しているか、どれだけ収入があるか、人に自慢してマウントを取れる人が良い、など。見える部分で繋がることが強く意識されることが多かったのです。

お金や物、条件も大事です。しかしそういった見える形や条件を超えていくステージがやってきます。今まで体験しなかった条件ゼロの世界の愛です。こちらを体験していきたい魂の設定の人が、今、とても多いと感じています。

✴︎目の前にいなくても繋がれる

また、これからはエネルギーに距離はないことを生身の体で体験していきます。相手が目の前にいなくても繋がっていることがわかったり、いつも安心を感じられたり。「繋がりは見えないエネルギーである」ということを実感し、体感として受け取っていくでしょう。そして、そうしたエネルギーに尽きることのない愛を感じる。これが五次元エネルギーのパートナーシップです。

五次元エネルギーのパートナーシップでは、毎日生きる中で、ただ呼吸しているだけで至福の幸せを感じられるほど自分の感度が上がります。そうなると、不幸せにはなれません！　外側にある条件など、実は取るに足らない小さいものです。

ただ相手が自分の世界に存在していると感じるだけで最高に幸せでいられる。こんなパートナーシップを引き寄せていくと、不安とか心配とか嫉妬とか恐れなどとは無縁になります。

進化するためにパートナーシップは結ばれる

人生の中ではいろいろな体験の波があります。愛し、愛される、とても幸せで豊かなパートナーシップでも、波はあります。自分は平穏でも、相手の仕事がとても忙しくてしんどそうなときもあるでしょう。

そんな波の中で、何が起きてもお互い信頼し合い、大切にし合える人と、深い人間関係を結んでいくのがパートナーシップの最終課題です。

課題というと、お題が出て勉強させられるように思うかもしれませんが、そうではなく、一緒に「共に作る喜び」を味わい合う相手です。

人生でパートナーシップを通じてどこまで体験するかの設定は、人それぞれ違いますが、ご縁ができた2人が付き合ったり、結婚したり、結婚の形をとらなくても共に人生を歩くことで学んでいく。そうやって魂の課題を一緒に解いていくのです。

「ラブラブ！」「溺愛！」を楽しく通過して、もっと深いところの学びのステージを経験して、一緒に進化していくことを楽しんでいける人と繋がります。

学びという言葉には夢を感じないかもしれませんが、あくまで説明のための用語だと捉えてください。**自分の世界を、尽きることがない、無償の温かな愛でいっぱいにしていく学びです。そうして最後は無償の愛にたどり着きます。**

パートナーシップのご縁はすべて、自分が魂（霊性）として進化するために結ばれます。これから誰かと繋がっていく方も、今の関係を深めていく方もそうですが、やや高次のテーマに向き合っていく人が多いのが新しい時代の特徴です。

だから価値観が合わない人でも、一緒になるのが難しい場合でも、その人と必ず何かを学んで、最後は愛情が深まるようになっています。別れてしまうことだってあるでしょう。それでも、そこに霊性進化のための学びはあります。

「この人といることで私が受け取れる気づきや学び、豊かさは何だろう？」という視点で眺めてみてください。お付き合いする中でそういうスタンスでいると、相手と本当にいい関係になっていきます。

大好きな相手、愛している相手は、自分の闇を解放する手伝いをしてくれる相手です。「いいように振る舞えない」「こんな自分しか見せられない」と思ってしまうような相手こそ、いいパートナーといえます。

「素敵な自分を見せる」ということを頑張ってきた人にとってはダメなパートナーシップと思えるかもしれませんが、もう、そこで頑張らなくてもいいのです。そうしていくことで、本当の自分で楽に生きられるようになります。

まだ出会ってなくても、必ずこの世界のどこかにあなたの運命のお相手は存在していま す。なぜならパートナーシップは人間が魂を一気に大きく成長させる体験であり、宇宙は人間に魂の成長を体験してほしいと思っているからです。「ベストパートナーに出会う」と決めているのなら、たった今から「出会えるかどうか?」という質問は忘れてしまって大丈夫です。

パートナーは必要ないと設定している人もいる

ただし、「今生ではお相手は不要です」という魂の設定の方もいますから、ここは人それぞれです。パートナーが必要ない人は1人で人生を楽しんでいくという選択で生きていきますから、「私はこれでいい」と自信を持ってください。

パートナーがいる。パートナーがいない。これはどちらでも、いい悪いはありません。パートナーがいないことが悪いと思うと、それはネガティブな概念になってしまいます。

恋愛してもしなくても、結婚してもしなくても、誰かと一緒に生きても1人で好きなことをして生きても、どっちでもいい。どのようであっても「私は一番好きなことをして生きている」というのが大事なところです。

自分の本心であるなら、それは生まれる前に魂で決めてきたものです。これは、個々に魂のほうが決めています。今、それがちゃんと叶っているだけです。

だから他人のことにも口出しをする必要はありません。どなたも遠慮なく、自分の本心の設定を楽しく生きていったらいいだけです。

次元上昇時代の「ベストパートナーとの出会い方」

本当の自分を生きるとは、自分に嘘をつかない生き方です。自分に嘘をつかなくても楽に一緒にいられる相手、ともにエネルギーを与え合える相手。そんなお相手とのパートナーシップを築いていく。そのために自分のエネルギーを整えるというのは、外に気持ちを散らさず、いつも「自分を第一に置く」という意識を極めることです。

わがままになるということではありません。他人の反応のほうに意識を向けるのではなく、自分が何を感じているか、どうしたいかに、常に意識を向けておくということです。

ベストパートナーとの関係を引き寄せるのには、対象（相手）のことは最重要ではありません。こういった引き寄せは自分対自分の中で完結するといってもいいくらいです。

次の3つを習慣にすると、願っていたパートナーシップが近づいてきます。

①　自分のエネルギー（内側の意識・本心）に注目し、それを第一にして生きる
②　自分に合う考え方を選んで、生きる（「頭でわかっている」に留めない）
③　自分のすべての面を認めて受け入れていく（自己受容・自己統合）

よく見てください。この3つの項目の中に、相手は登場していませんよね？　そう、自分のみで大丈夫なんです。

自分への見方はとても大事です。「相手は自分をどう見るか？」ではなくて、「自分が自分をどう見るか？」。まずここを徹底的にやっていくことです。

自分のことを「惨めだ」「哀れだ」「かわいそうだ」と見る。「できてない」「価値がない」と見る。これらは一番やってはいけないことです。思いたい気持ちはいっぱいあると思いますし、それは私にもわかります。でも、まずはそこを手放さないとダメなんです。

自分で自分を「価値がない」と見ていると、「あなたは価値がないね」と言って知らせにくる人が出てきます。自分のことをひどく扱う相手が来たり、それが行き過ぎるとDV

をする相手が来たりします。

普段、自分が自分をどのように見なしているか。脳科学的に言うと「セルフイメージ」です。人は、自分を「このように見ている」というイメージ通りの行動をしようとします。「私はできない人間だ」と思ったら、できないような行動をするので、「できない」という現実が生まれます。それによってますます「私はできない」というセルフイメージが固まります。

まず、自分に対する見方を変える。そうすれば現実も変わります。

プチワーク

自分への問いかけで思い込みの書き換え、転換ができます。これを「ビリーフチェンジ」とも言います。

書き換え方は大きく2つあります。いずれも、まずは「自分が自分をどう見るか?」をメモのように書き出してみてください。

①「私はできない人間」というような、自分を否定したり、自分を裁くような言葉が出てきた場合です。その下に「それでも良し」とか、「私はこれで良い」「これでいく」「こういう私が好き」などと書きます。言葉はなんでも結構です。とにかく、書き出したネガティブなセルフイメージの下に肯定する言葉を書きます。「こう思ってるけど、この自分のままでいいことにする」というのを、同時に自分の目で見られるようにしてください。ペンの色を変えたりするとわかりやすいと思います。

特に自己肯定感が低いと感じている場合には、とても有効です。今のままの自分を認めて、変わっていくことを許可してください。自分に許可していないものは入ってきません。「コーヒーを飲んでいい」と自分で思っていないと、コーヒーが飲めないのと同じです。

②もう1つは、跳躍力を持たせて違う設定にポンと書き換えるための方法です。

例えば「好きになった人とうまくいかない」というのが出てきたら、「本当は好きな人とすんなり結ばれる」と設定して、書き直します。「うまくいかない自分」を「うまくいく自分」と見なす、という感じです。

「結ばれない」というセルフイメージが「結ばれる」という現実の創造を阻むブロックになっているので、そのブロック自体をなくしていきます。そうやって、うまくいかない自分を卒業してしまいましょう。

頑張ってやらなくてもいいです。ゆるゆると、気が付いたときだけやってもセルフイメージは変わります。なにごともゼロか100かではなく、少しずつでも続けてみてください。

結ばれると決めたらまず、エネルギー段階で結びが起き始める

どんな人と結ばれるのか。これも、形よりエネルギー、つまり見えない部分の波動の創造が必ず先に起きます。

エネルギーは目で見ることはできませんが、ちゃんと結ばれています。だから、「誰かと出会うぞ」と決めている人は、もう結びが起こっています。形が来るのが最後です。

まずは「出会うぞ！」という自分に対する許可です。自分が許可していないとなかなか形はやってこないので、「出会う」と決めることが先決です。そのうえで、どんな自分も受け入れて、本当の自分の波動で生きていく。これをやっていればいいだけです。

そうやって、そのときの自分に合う、素敵な相手に出会ってほしいと思います。

「とりあえず相手ができればいい」ではなく、「ああ、この人でよかった！」と、心から

そう思える人。一緒に生きる中で、2人分つらいことが起こるかもしれないけれど、それも共有して支え合える愛の関係性になる相手がいいですね。

私は元夫と別れて、1人で子育てをしました。でも、やっぱり娘は恋愛・結婚の体験を通じて得た、ものすごい宝物です。シングルでの子育ては大変でしたが「私の魂はこれをやりたかったんだ」と思います。大変だったからこそ可愛いので、大人になった娘にもくっついていたくてうっとうしがられるくらいです（笑）。子離れができないくらいに娘のことが気になっていたときもありますが、そこからくる学びもまた宝でした。やはり「私はこれをやりたかったんだ」と、今はすべてにおいて言えます。

このように「これまでの恋愛・結婚も、すべて体験したかったんだ」ということをあるとき、全部認めました。「あの時期は私の魂はこれをやってみたかったんだな」ということすべてにOKを出したんです。そうして自分の全部を受け入れていきました。

そうしていくうちに自分の波動が変わって、次の学びをするためのパートナーが現れました。

縁結びはエネルギー結び

結びはエネルギーです。縁結びとは「エネルギー結び」ということです。物理的な繋がりありき、ではないのです。

よく「赤い糸」と言いますが、それも縁のエネルギーを赤い糸によって象徴しています。そんなイメージで、まだ出会う前の人と先にエネルギー段階で結ばれましょう。

「パラレルワールド」という言葉を聞いたことはありますよね。これは、かみ砕いて説明すると「先にそれを体験している」というエネルギーの世界があることになります。エネルギーで先に作ったものを、外側に、現実に出していくのです。

だから、「先に結婚しておく！」くらいの意識でいるのもいいですよ。

ちなみに、神社は気（エネルギー）を結ぶところでもあります。私たちは、なんとなくお参りしているようでも、そこにエネルギーの結びを受け取りに行っています。先に作ったエネルギーに同調しに行っている、というわけです。

昔の人たちもパラレルワールドのことを知っていたのですね。

そのときの自分のエネルギーと合う人としか繋がれない

すでに特定の相手がいる人も、付き合ったりはしていないけれど好きな人がいる人も、好きだというはっきりとした気持ちはないけれど「いいな」と感じている人がいる人も、ベストパートナーと幸せなパートナーシップを築きつつある方も、「なぜ、この人とのご縁だったのだろう？」と感じることはありませんか？

「人を好きになるのに理由なんかないよね」と私はよくお伝えしていますし、何より自分のパートナーにそれを言われたことがあります（笑）。

しかし、ご縁そのものを思うとき、「なんでこの人を好きになったんだろうな」とか、「このご縁はどうして私のところにやってきてくれたのかな」と思うことはありました。

結局、**「エネルギー結び」**だったんですね。

「エネルギー結び」は目に見えませんが、必ずそのときの自分のエネルギーに合った人がやってきます。だから全部、自分次第。

「ドンッ」としたエネルギーを出していると、「ドンッ」とした人が来ます。「ドロッ」としたエネルギーを出していると、「ドロッ」とした現実になりやすくなります。

ぜひ、すがすがしく、明るく、生き生きと軽いエネルギーでいましょう。

そのために何をしたらいいかというと、やはり「この自分でＯＫ」と言うことです。

同時に、ネガティブを否定しない。否定を手放す、ジャッジしない、ということも大事です。簡単に言うと「自分裁き」を止めること。自分のネガティブな部分も否定したり、批判して裁こうとせず、「ネガティブもＯＫ」と言っていきましょう。そうやって、自分の内側と仲良くしていきましょう。

新しくこれから誰かと出会っていく方も、すでに出会っている方も、自分の内側とどんどん仲良くすると、外側の現実もうまくいくようになります。

今までの時代は合わない人との接点もたくさんありましたが、今後は、自分の内側と波動に集中していれば、なにも心配することはありません。

自分だけ見ていてください。自分のエネルギーだけ見ていてください。

今までは出会いのゾーンの振り幅が結構あったので、エネルギーが合わない人と結ばれることもありました。でも今後、それはなくなります。本当に自分のエネルギーと同調し合う人しか出会わないので、心配することはありません。

自分が生き生きとしていれば、そういう人しか来なくなります。

プチワーク

お相手をエネルギーとしてイメージしてみても楽しいと思います。「理想のパートナーは、どんなエネルギーを感じる相手？」。もしくは、「自分がどんなエネルギー状態になれる相手？」。こんな視点で理想のパートナーの「エネルギー」を書き出してみます。

言葉にするのが難しければ、書かずに脳内でイメージを感じているだけで大丈夫です。感じるだけでも自分の中にその波動が刷り込まれていきます。

エネルギーのイメージは色で出てくることもあります。「私のパートナーは黄色」というように。「金色のイメージ」のように、輝きや空気感などでも出てくることがあります。

あとは、ふわふわとか、ゆったりとか、ゆるいとか、ニコニコとか、そういう感じでイメージが出るかもしれません。

いずれにしても、そのイメージのエネルギーと結ばれます。

私の場合、「いつも温かいエネルギーを感じる人がいい」と思っていました。そこから黄色のイメージが出てきました。同時に、とてもきれいな深くて濃いブルーのイメージも出てきました。そのイメージから感じるエネルギーは清々しく、爽やかな感覚でした。

実際にその後で新しいパートナーと繋がった後に、彼の好きな色が青（深い紺色）と聞いてびっくりしました。

ドラマみたいな出会いや恋愛設定でOK！

今後は本心を生きて、あとは「流れは全部おまかせ」のほうがいいです。宇宙の采配力、後押しの体制強化がすごいからです。パートナーともどうやって出会うかとか、そういったプロセスは一切考えなくていいです。

「よくそう聞くけど、本当かな？」と思う方もいらっしゃると思いますが、宇宙の采配力のすごさは私も体感していますし、セミナーや講座に参加くださる皆さんからも、たくさん、たくさんシェアいただいています。それだけ受け取り側にとってもわかりやすくなってきています。

そうやって創造や現実化のスピードが増しているということ、宇宙の後押し体制が強化されているということ、ここは根拠がなくても信頼してみてほしいです。信じられなくても、宇宙を信頼する練習としても使ってほしいところです。でないと、もったいないですから！

心から「はい！」と言う

ここで大事なのは、**受け取る練習をする、**ということです。ありがたく巡ってきたものや流れをキャッチする練習です。「これどうぞ！」「大切なお知らせだよ」と宇宙に言われたら、「はい！」と二つ返事でシンプルにもらってください。

受け取っていくのは練習が必要です。しかも、結構な練習が必要だと思います。苦手な人がまだ多いかなと思いますが、一緒にやっていきましょう。

「流れは全部おまかせ」とはいっても、タネはまいておきましょう。この場合のタネとは、自分の意識、設定です。

例えば婚活が嫌だと思ったら、むりに婚活をしなくて大丈夫です。「私は恋愛と結婚を望んでいる」という宣言を宇宙にしておけば、タネを投げたことになります。それを実現するために自分で婚活というプロセスを考えるのではなく、そこは宇宙におまかせしましょう。

私の場合も「魂レベルのお相手と出会う」というタネを投げて、プロセスはおまかせしました。おまかせした限りは「空間から突然、相手が出てくる」なんて、三次元ではあり得ない出会い方も良しとしました。

逆に、古典的なドラマにありがちの、道端で突然「すいません、何か落としましたよ」みたいな出会い方もOK。そんな、ありそうでないような恋の始まりでも、なんでもアリとしました。それくらいプロセスは宇宙に全部おまかせという気持ちでいました。

そうしていたら本当に突然、トントンと肩を叩かれて男性に声をかけられました。ただし、「何か落ちましたよ」ではなく、「クリーニングのタグが付いてますよ」でしたが。これこそありそうでないような話ですが、事実です。新大阪駅での出来事です。

お互いに大笑いして、少しお話ししたら面白くて、「どちらまで行かれるんですか？」と訊かれたから「東京までです」と言ったら、「僕もなんです」ということで意気投合。恋愛関係にはなりませんでしたが、その方が活動されているコミュニティに呼んでいただき、いいご縁となりました。

「なんでもアリ。突然嬉しいことが起きてもいい」としていると、こんな出会いもあります。

出会うきっかけは、どんなシチュエーションでもいいわけです。むしろ「婚活」という縛りを設けてはもったいない。

「どんな出会いがあってもいい！」と許可しましょう。そうすれば、とんでもないところからお相手が現れます。

「申し訳ない」も捨てましょう。受け取る許可をするときに「申し訳ないけど」と思っていると循環しづらくなります。「どうぞ」と言われたものを「はい、ありがとうございます」と受け取る練習をしていきましょう。

心からの「はい！」という言葉は、とてもエネルギーの高い言葉なのですよ。

自分を認めたら愛が出るようになる

私がおすすめしたいのは「自分らしく生きていくほど、愛が深まるようなお相手とパートナーシップを結ぶ」というお付き合いや結婚です。

先ほど「〇〇してもらう」という体験から、無償の愛への学びへ移っていくと書きました。そうなると、「してもらう」が先ではなくて、自分から「愛のエネルギーを渡す」「愛のエネルギーを出す」、そしてお互い「与え合う」「すべてを受け入れ合う」、そういった、外にふわっとエネルギーが拡大していくような関係になります。

今の時代、出会い方は簡単です。「自分らしく生きていくほど愛が深まるようなお相手」とのご縁を引き寄せるためには、やはり本当の自分で生きるだけです。そうすれば自然と結ばれます。

本当の自分で生きる第一歩は、自分のあらゆる側面を受け入れて認めることです。そうすると、自然に愛が出るようになります。

受け入れることは宇宙の最大の愛です。「自己の受け入れ＝最高の愛」のところにまでたどり着くと、それに合った人が愛のエネルギー交換をする相手として自然と引き寄せられてきます。

私も、20代での結婚、その後の離婚、シングルになってからの恋愛を経て、ようやく本当のパートナーシップの学びと出会えたと感じています。また、たくさんのご相談を受けてきた中で、そういう相手と出会っていく人が増えてきているとも感じています。

今、本当のパートナーシップを築いていこうという魂がとてもたくさん存在しています。みんなこのパートナーシップを体験するために、わざわざこの時代を選んで生まれているといっても過言ではありません。

「年齢のブロックを外しましょう」と最初に書いたのにも大きな理由があります。

それは、**ある程度年齢や人生経験を重ねた人のほうが、こういったパートナーシップを進んで体験されていく傾向があるからです。地球のエネルギーが変化しているこのタイミングで「本当の自分で繋がれる相手」と出会うために、今まで待っていた人が多いのです。**

「何でこの年まで結婚しなかったのかな」「『この人だ！』という人と出会ってこなかったのはなぜだろう」という疑問への答えを今から受け取れます。「ああ、この人に出会うまでに本来の自分に還る必要があったんだな。だから50歳で出会ったのか」となる、ということなんです。

だから、年齢のブロックのことはもうここからは一切考えないようにしてください。

私たちは肉体の年齢で恋愛や結婚をしていません。魂の年齢です。これが自分の学びのステージということです。

これからの時代は、エネルギーが合う人、エネルギー的にご縁がある人としか恋愛も結婚もしないし、パートナーとしてのお付き合いにも至りません。

ですので、魂の年齢でものを考えていったほうが、引き寄せも起きやすくなります。

魂の純度を高めてから出会うものは「お引き合わせ」

私が主宰するサロンメンバーのおひとりが「今まで、これからのために魂の純度を高めていたんですね」とおっしゃっていました。「なんて素敵な表現だろう。まさに、その通りだ！」と思いました。

魂の純度が高いとは、本当の自分であるということですね。

宇宙から見たら、どんな出会いも、すべてがそのステージや設定における素晴らしい学びです。それがたとえ「私を愛して！」「もっとこうして！」という「クレクレ星人」同士の奪い合いでも、です。

ですが、たくさんの体験を通じて本当の自分を生きようとしてきた方は、奪い合いのパートナーシップはこれからあまり経験しなくなります。そういった学びの段階はもう超えてしまっているからです。これまで恋愛してきていなかったとしても、魂の純度を上げてきた方なら、やはりその学びを終えています。

次にやってくるのは、与え合って、循環させ合って、天井がない愛を体験するパートナーシップです。

そういったパートナーシップは突然やってくることが多いものです。私も体験しましたが、ボーッと生きていても**「相手が見つけてくれる」**という感じです。逆にこちらが「相手を見つけた！」という側になることもあります。

私は、この「見つけられてしまう」という設定が好きで、そう思っていたら「MACOを見つけた！」と言ってくれる相手に出会わされました。

この「出会わされる」も好きな言葉です。引き寄せは「こうなる！　こうする！」という能動的な設定が多いですよね？　ですが、ここではあえて受け身形にしています。宇宙がお引き合わせしてくれる、段取りして会わせてくれるという感じなので、「出会わされる」と受け身形がしっくりきます。

自分を大事に扱って過ごしていればOK

いつ、どこで、どんなふうにして出会うのかは宇宙が段取りするので、こちらは何もしなくてもいいのです。ただ「ベストパートナーとこれから出会う」「ご縁が繋がる」と思いながら、日々、自分の一番やりたいことに集中して過ごしていればいいのです。毎日、とびきり自分を大切に扱って過ごすことです。無理な頑張りもどんどんやめてください。これは必ずやってください。

自分を雑に扱っている人。朝、目が開いたときから、夜眠るまで、1日中自分をジャッジや否定している人。そういう人はなかなか魂レベルのパートナーに出会えません。せっせと自分を大事にして、何も否定せず過ごすことを習慣化していきましょう。

どんな感情を感じたとしても、毎日「私はえらいね！」「これまで頑張ってきた！」と自分を受け入れ続けていたら、魂はさらにピカピカ、ツルツルになって純度が高まります。「相手に見つけられてしまう」「出会わされる」、そんなお引き合わせが起きるのはそんなときです。

本当の自分を生きて嫌がる人は、本当のお相手ではない

本当の自分で生きて、お相手に素直な自分の姿や思い、無理しない姿を伝えることを大切にしていきましょう。真の自分らしくいて、相手に「それはやめて」と言われたり、嫌がられるのであれば、本当の相手ではないと思っていただいても問題ありません。

私は昔から限界まで頑張るのが癖でした。頑張って、頑張って、相手に認められようとすることで、自分が生きている価値を感じようとするところがあったのです。

職場でも人一倍仕事をして、それを「人よりも仕事してます」とアピールしたり、「こんなふうに頑張ってます」と実際に見せて、自己価値を高めるというやり方をしてきました。常に頑張ることが人生のベースだったのです。

でもそれは、本当の自分ではありませんでした。本当の自分はもっと楽をしたかったんです。1人で家事も育児も仕事も抱えて、それがだんだんしんどくなって、やがて本当の自分じゃない自分をやめたくなりました。

だから、それに気づいてから頑張るのをやめて**「自分が素でいればいるほど、幸せでいられる相手、ベストパートナーと繫がる」**と、そう決めました。

自分の素を大事にして生きる

世間では素が出ることを悪いことみたいに言ったりします。素が出たら、本当におしまいでしょうか？

「○○でないと好かれません」という情報に合う自分になろうとして、本当じゃない自分で生きたりしていませんか？　「女性はいつもメイクして綺麗にしている人が好かれる」という情報があったら、無理してでもいつもメイクをしたりしていませんか？　もちろんメイクをするのが心底楽しければいいのですが、そこに無理があるとしたら、メイクをし続けるのは偽りになってしまいます。

自分が自分らしくいる。そういう意味での素を出すことで、幸せを拡大していくことはできます。どうぞ、素を大事にしてください。

「私が私でいることで、私らしく生きる」「私が私でいることで、それがいいという人に愛される」と決めるのです。これが一番楽です。

ダラダラしていることに「これじゃダメだな」という意識を貼り付けているのであれば、「ダラダラしていてもいい」と自分の設定を変えればいいのです。すると「トドのように転がってる君が好きだよ」という人が本当に現れます。

家では眉毛を描かず、パジャマみたいな格好でウロウロしていることを自分が否定しなければ、「お願い。眉毛を描かないで。そんなあなたが好き！」という人だって出てきます。

素のまま、本性でいる自分が「本当の私」ということです。相手に無理して合わせることをパートナーシップのベースにするのではなく、自分らしく生きることをベースにする。そうすると恋愛・結婚はもちろん、生きること自体が楽になります。

魂の相手とは、付き合いが長くなって一緒にいればいるほど、自分らしさが出る相手です。自分らしさを出すほど関係性が良くなって、楽になって、満ち足りた気持ちや幸せ感が増える人です。これが、私がおすすめする魂の相手の設定です。

そこには何の我慢もありません。何でも言っていいとか、横柄な態度を取るとか、わがまま放題でやりたい放題にするということではなく、「あなたも私もそれでいいよね」という受け入れ合いができることです。これができる相手が魂の相手です。

繰り返しますが、まず自己受容として本当の意味で自分を受け入れることができてくると、相手とも受け入れ合うことができます。お互いを尊重する愛がちゃんと行き来して、幸せになります。それは何歳で出会っても、です。

学びのステージが進むと相手が変わることがある

離婚についてネガティブなイメージを持つことは多いと思います。世間やメディアがよくないこととして常に伝えるので、そこからも影響を受けているのでしょう。
そうした世間の認識や社会の常識といった視点から離れて、私の見解をお伝えしたいと思います。

「学び」という視点に立つと、離婚は学びのステージを変えるときです。離婚だけではなく、お付き合いしていた人と別れるとき、別れるような出来事が起きたときも同じ捉え方で見てください。**自分にとって、それまであった形の学びを終えて、1つ先に進むとき、それが「別れ」のタイミングです。**

復縁することもあります。ですが、同じ相手と復縁するとしても、その時点ではお互いに内面の学びはさらに進んでいます。元の鞘《さや》に収まるというより、リニューアルした2人が新しく出会うという感覚です。

例えば、奪い合う愛を卒業するタイミングがくると、そのとき一緒にいる相手では次のステージの体験ができないので、相手が変わります。もちろん2人一緒に体験のステージを上げていくこともありますので、ケースバイケースではあります。

私も経験者ですが、離婚はとてもエネルギーがいりますし、大変なことです。自分だけのことではないし、たくさん自分を責める気持ちに悩まされる時期もありました。ですが、そこを抜けて本当の自分を生きると決めて、一歩踏み出して歩き出せば、次のステージを一緒に体験していくお相手が現れます。

こういう出会いと別れの流れを何度か繰り返していきながら（必ずしも離婚を繰り返すということではありませんが）、最終的に「ああ、今までは、この人にたどり着くための学びだったんだ」とわかる相手と繋がります。

体験したいと思っているパートナーシップは人それぞれ

魂が体験するパートナーシップの学び、魂が体験したいと決めているパートナーシップの学びは、人それぞれで全く異なります。繰り返しますが、人のことは参考程度に思っていていいのです。

今回の人生で結婚すること、子どもを持つこと、家庭を作ることなどが主な設定の人。結婚はしないけれど共に人生を生きていく相手として支え合い、仕事のサポートなどもし合いながら学んでいく設定の人。「愛がほしい！　ほしい！」という学びの体験をした後で、相手が変わり、与え合える喜び、深め合う愛に進化していく設定の人。もう、いろいろです。

他人のことを外側から見て自分と比べる必要はなく、悩む必要もなく、「自分の魂は何を決めてきたんだろう？」と問いかけをしながら、自分が「こうしたい！」「こうなりたい！」と思う気持ちに素直に行動していけばいいのです。そうすれば、問いかけの答えがパートナーシップを通じてわかるようになっています。

学びのステージが変わると相手が変わるのは恋愛でのパートナーシップに限りません。友人、仲間関係なども同じです。自然と縁が切れたり、また新しく必要なタイミングで自分に合う人間関係が入ってきます。

そのために自分がやっておくこと、やり続けていくことは1つだけ。

本当の自分で生きられるようになっていくこと、です。

つまり、いつも本心で、嘘がない。体や心に無理や無茶がない。どんな自分も否定せず「よく頑張ってきたよ！　いつもえらいね！」と毎日当たり前に受け入れて褒める自分になることです。

すべての出会いは魂の設定

「魂レベルの相手」についてお話しします。ややマニアックな話なので、しっくりこないと感じる場合は、この話はスルーしていただいてOKです。今「魂レベルの相手」という言葉に出会っている方や、ピンときているタイミングの方だけ受け取っていただければと思います。

「魂レベルの相手」といっても、実はいろんなステージの出会いがあります。「ソウルメイト」という言葉を聞いたことがある方もいらっしゃるでしょう。

私がこれらの言葉を知っていろいろ読んだり調べたりしたのはかなり昔のことですが、次元上昇時代に入って、確かな変化を感じています。多くの方が魂の純度をどんどん上げているために、出会うお相手もかなり深い愛を学ぶ方と繋がっています。相手から何かをしてもらうことよりも、お互いに与え合うことに最高の幸せを感じる段階に来ています。

それが**「魂レベルの相手」であり、「ソウルメイト」なのです。**

「ツインレイ」に出会う人もいる

「ツインレイ」という言葉をご存じの方もいらっしゃると思います。こちらは「1つの魂から分かれた、現生で出会う片割れの相手」という存在です。もともと1個だった魂が2つ（2人）に分かれてこの世界に生まれた、ということです。

2つに分かれた魂が地球に誕生し、一定の年齢まで魂の純度を高める学びを続けた後に、分かれた魂の片割れの相手に出会います。ですので、ある程度の年齢がいってから、ツインレイとの出会いがあることが大半です。

そして、今の地球全体の次元上昇の時期に合わせて、ツインレイに出会う人も増えています。

ツインレイは1つの魂が2つに分かれてそれぞれの体験をした後に、また1つに戻る設定だといいます。もともと1つの魂だったので「2人で1人」という説明がぴったりです。**感覚としては「相手は相手」「私は私」という認識ではなく、「自分=相手」という感じを多くの方が受け取ると言われます。**

さらに、通常の恋愛・結婚・パートナーシップとは異なる顕著な特徴もいくつかあります。ツインレイの2人には、かなり高い割合で「サイレント期間」というのが生じます。一旦離れて自分に向き合うことで本当の自分に戻り、その後、再度出会って繋がり直す、という設定です。通常の恋愛と違って途中は過酷なことが多いのです。

今、一旦相手と別れて復縁を望んでいる方の中には、これに当てはまるケースもあるでしょう。

ですが、だからといって「私たちはツインレイだ」という概念だけにとらわれるのは、私はあまりよくないと思っています。場合によっては執着を強くしすぎたり、「このご縁しかない!」と頑なになりすぎたりするからです。

そもそも、誰との、どんな出会いのご縁も、すべてが「宇宙からの学びのギフト体験」です。**素晴らしい魂の学びの相手はツインレイだけではありません。たとえ「クレクレ」**

で奪い合った相手でも、素晴らしい学びの相手です。

苦しい体験もありながら、場合によって付き合う相手が変わっていきながら、だんだん本当の自分で生きるようになる。そして与える愛が心から幸せだと知るようになってくる。そうしたときに、地球で最後のパートナーシップの学びの相手と出会うのがツインレイの特徴でもあります。ツインレイかどうかは後からわかるシステムですが、やがて必ず自分でわかります。

相手をまっさらな愛で受け入れることや、自分自身を丸ごと受け入れる自己受容を進める中で深い愛を受け取っていく。そういうステージの高い学びをするために、今の時代を選んで生まれてきました。その中で、ツインレイに会う人もいれば、会わない人もいます。「ツインレイに会いたい」「ツインレイに会えないかも」なんて部分にフォーカスするより、自分との向き合いを進めていきましょう。誰もが自分の学びのステージで素敵なパートナーシップを体験できます。

とにかく自分を否定しない、頑張らない、ジャッジしない。この3つを徹底することです。

死ぬまで増え続けていく愛を体験する

創造にエネルギーを使っていると、何時間でも動けるし、何時間でも楽しめます。何年でも人を愛し続けて、幸せを感じ続けることができます。

相手は同じ人間なのに次々と毎日、楽しい発見があります。相手と共有できる楽しいトピックが増える一方です。

幸せとは日々変化していくことです。握りしめるものではありません。そして、一旦得た幸せは増えていく。そんな意識の使い方をしてみてください。

おじいちゃん、おばあちゃんになるまで、一緒に過ごす年数が増えるほど、相手への愛も増え続ける。そうイメージしたら幸せに包まれませんか？

今までの時代はメディアがやかましいほどに「結婚して何年かすると愛は冷める」と流し続けてきました。でも、これからの時代、こんな話はデマになります。「結婚して2年もしたら、夫は家に帰ってくるのは遅いほうがいい」という考え方、これは超・三次元的な考えです。もう卒業してしまって構いません。

愛は増え続けていくという設定を、よかったら採用してみてください。愛は絶えることも尽きることもなく、死ぬまで「好き」が増える、という設定です。

そもそもエネルギーは増える方向、循環する方向にしか動かない性質のものです。「減る」と強く思い込んでいない限りは勝手に増えてしまうし、循環してしまうもの。これをパートナーシップに応用して、古い時代の概念を卒業してしまいましょう。

子育てもそうです。親子の愛情も増え続けるし、減りません。

私は、娘が小さかったときより、今のほうが好きです。6年制の大学に2浪して入学しているので、親としては「いい加減にしてくれ！」と思った時期もありますが（苦笑）。親子ゲンカもたくさんしました。それでも今のほうが断然、娘のことが好きです。娘も「お母さん好き！」とわざわざメッセージを送ってきます。「なんかそう言いたくなったから」

と。

愛は死ぬまで勝手に増え続けて、出続けるということを、いろいろな関係に対して感じます。

尽きることがないと思ったら、いくらでも相手に愛を送れますね。

これから新しいパートナーシップを築く方も、すでに結婚されている方も、死ぬまで仲良く、幸せな感情をずっと持ち続ける。それが愛が増え続けるということです。

顔を見れば見るほど「あー、昨日より好きだな！」という感覚。そんな設定がいいですね。

第5章

愛と豊かさがめぐる天職とお金の法則

この2~3年、私のところに寄せられるご相談・ご質問で急増していると感じるものの1つがお仕事についてです。働き方に対してもこれまでの価値観が崩壊するようなことが続いていています。また、人々の認識も多様化が進み続ける中で「本当にやりたいことはなんだろう」「このままこの会社に勤め続けていていいのだろうか」「やりたいことがあるけど無理……で人生を終わっていいのだろうか」といった疑問が湧いてきて、ご相談をくださいます。同時に、「好きな仕事を始めたい」「年齢に関係なくやりたいことをやっていきたい」という熱意を持った方のご相談も目立っています。

食べるために働く。衣食住を賄うために仕事をする。家族を養うために嫌な仕事もしなければならない。仕事ってそういうものだ。これまでは、こういった概念を多くの人が当たり前に使ってきました。しかし、今「好きな仕事をして楽しんでお金を稼いでいく」「やりたいことで生きられる自分になっていく」と決める方が増えてきています。

これは素晴らしいことです。本当の自分を生きるとは、自分の本心を生きるということ。これは仕事でももちろん同じで、**「これが好き！　やりたい！」と思っていることをやっているときが一番パワフルでエネルギーが回ります。**

ようやく理想を生きる時代がきた

私は起業した次の年から「天職講座」というセミナーを開催してきました。テーマは「やりたいことで生きられる私になる」です。

2016年くらいから断続的に開催していますが、講座を始めたときはまだ多くの方が「やりたいことでやっていくなんて……難しいなあ」という反応でした。でも、私は「これからきっと、やりたいことで生きると決める人はどんどん増えてくるよ」「仕事に対する価値観の崩壊が起こり、人それぞれ働き方が変わってくるよ」と伝えていました。

そして今、いよいよ時代が追いついたと思っています。**好きなことを仕事にしていくタイミングです。**それはある意味「理想を生きる時代がきた」ということ。

今は、前の時代までの仕事に対する固定観念や概念は一掃されるくらいのエネルギーの大掃除中です。コロナ禍のような社会的な出来事も、私たちの内側の変化という意味でも、本当に大きな次元進化が進んでいます。

ふわふわした考え方を推奨しているのではありません。しっかりと自分に向き合って自分の人生をどう作っていけば自分が納得して、幸せでいられるのか。自分の本心は、何を、どうやりたがっているのか。それらをきちんと受け取って「好きなことを仕事にしていく」という答えが出たら、その選択をしていけばいいということです。そこには、しっかりと自分の中心に繫がる感覚と、腹からの決意があるはずです。それこそが「自分軸」です。

今の仕事は本当の自分が選択したもの？

ちなみに、会社組織がダメと言っているのではありません。今、自分の本心と全く違うことをやっていて不満や疑問が尽きないなら、**勤め先の仕事の内容は自分が好きでやりたいことなのかどうかを見直す価値はある、**ということです。

大事なポイントは、会社組織で勤めるにしても、起業のようなスタイルをとるにしても、本当の自分が選択をしたものか？　ということです。

自分軸を確立した人はそう簡単にぶれません。ぶれても必ず元の場所に戻ります。その意識で「社畜」や「食べるために働く」を卒業して、やりたいことで生きられる自分になっていきましょう。

今は宇宙の後押しも力強いため、前の時代ならうまくいかなかったことがうまくいきやすい流れがあります。それを無意識（潜在意識）でキャッチした人は、今の仕事を辞めたいと思い始めたり、やりたいことを諦められなくなってきたりしています。

「食べていくために」という根強い観念から抜けよう

「食べるためのお金」という観念は卒業する時期になりました。**「生きるために」「食べていくために」という命の存続レベルに合わせてお金のことを考えていると、逆にお金は全然回りません。**生活のやりくりというイメージが、すでに豊かさではないのです。

私は昔、シングルマザーでカツカツでしたので、「食べるために」という言葉は大好きな口癖でした。この「カツカツ」という言葉も大好きでした。「今月苦しい！」「ピンチ！」という言葉も大好きで、毎日のように言っていました。

振り返れば、当時の私は「食べていかなきゃ星人」だったと言えるくらい、別の星の人間のようです。今はもう、すっかり卒業できましたが。

あなたもそうです。今がどんな状況にしろ、「食べるために働く」というのは前の時代の体験テーマです。私たちはそれを優先するために生まれてきたわけではありません。

これから自分の制限を外して、豊かさを体験する時代にステージが変わっています。もう「生きるため」「食べるため」というサバイバルレベルの意識は卒業です。

「やりたいことで生きていく」とゴールを意識する

「『食べるために』という言葉を口にしただけで、心も体もエネルギーダウンする気がします」と、私の長期講座の受講生さんが言っていたことがあります。その方は「やりたくない仕事をやっている。本当はチャレンジしたいことがある。けれど、生活があるからなかなかその世界に飛び込めない」と悩み、勇気が出ずに迷っていました。

逆に「急に解雇されて、やりたいことをやるしかなくなった」という講座の受講生さんもたくさんいらっしゃいます。そうした強制終了が起こるのも、大きな視点で見ると宇宙の采配です。

ゴールにたどり着くまでに起きる出来事は全部プロセスです。一見、解雇のように不幸な見え方をする出来事が、「やりたいことはこっちでしょう?」と、先に行かざるを得ない道をつくることもあります。勇気がなくてなかなか動けない、という方に案外こういう宇宙の大きな愛の強制終了が入ることが時としてあるのです。

一方、フットワーク軽めで「やりたいことがあるからやります！」と決めて、即行動に移すタイプの人もいます。そういう人は強制終了ではなく、自分で今までの仕事を終わらせて次へ動いていくことが多いです。

どちらでもいいんです。これら2つの例に共通していることは、どちらも**「やりたいことで生きていきたい」とゴールを意識していたこと**です。実際、生きていくためには一定のお金が必要なのは事実です。自分が仕事を辞めて、明日からの衣食住に事欠き、家族全員が路頭に迷ってしまったら、幸せから遠ざかってしまいますよね。

安心してください。人それぞれたどり着く道順は異なりますが、ゴールを意識していれば、必ず、やりたいことへと導かれていきます。そのタイミングは人それぞれです。

自分が本心からやりたいことが「天職」

「天職」＝「天から授かった仕事」です。ちょっと大げさな感じがするかもしれませんが、私はこの言葉が好きで、自分の今の仕事も天職だと思ってやっています。もちろん前職も天職だと思ってやっていました。

前職は教員でしたが、それも本当にやりたい仕事で、猛勉強して採用試験に通ったので、嬉しさもひとしおでしたし、やりがいもありました。ですが、長い間働く中でいろいろなことを学び、人生について深く考えるうちに、やりたいことが徐々に変わっていきました。次の天職がわかったので退職を決めて、今の仕事で起業しました。

そう、**天職もステージによって変わっていく**のです。

天職とは、自分が本心からやりたいことです。その気持ちに従って、やりたいことをやっていくといい理由を挙げます。

①やりたいことは、楽しくて充実感を覚え、次々とアイデアが出ます。それをやっていて自分の心と体の波動が悪くなるわけがありません。

②天職で生きるためには自分をしっかり知ることが必須です。そのため、本当の自分で生きることを日々余儀なくされるので、だんだん自分との繫がり（内観）も進みます。結果的に、仕事においてそのパワーをうまく活用できるようになるので、嫌なことをやっているより成功を引き寄せやすくなります。

③天職ややりたいことでも、途中で苦しい出来事は生じるでしょう。それは学びとして起きるのです。苦しい出来事が生じたとしても、やりたいことをしていると「好きだからこそ諦めたくない」というパワーが自然と出るので乗り越えていけます。そして、乗り越えた後は現実の進化（収益が増える等）が起きます。

やりたいことで生きたほうが誰しも楽しいし、たとえ行き詰まることがあっても、好きなことなら乗り越えやすいです。好きなことをしているのは、それだけエネルギーが楽で、軽いということ。自分にかかるエネルギー的負担も負荷も軽いのです。

だから好きなことをやっていたほうが、明らかにお金もよく巡るようになります。

今は宇宙全体、地球全体が次元を上げて、エネルギーを新しい段階に引越しさせている時期です。本当の自分を生きるほど、その宇宙や地球のパワーと同調します。**成功の肝は「今進化しつつある宇宙との同調意識」**なのです。

自分が本心からやりたいこと＝宇宙（天）の意図と合致しています。宇宙には、全員に幸せを感じてもらいたいという大きな意図があります。本心で生きること、本心でやりたい仕事をすることは、その意図と同調することになります。エネルギーが同調していれば、「同じ波動のものが影響し合う」という法則の通り、宇宙のサポートがスムーズに入ってくることも納得できるかと思います。

私は「自分がやりたいこと＝『やったらいいよ！』という宇宙からのお知らせ」ととらえています。

これを活用して私自身、44歳で一念発起して教育公務員を辞め、シングルマザーの身で起業しました。それから10年ほどになりますが、やりたいことはほぼ全部、形にできました。「叶えきってきた」と自分ではっきりと言える自信があります。

これは自分の力ではありません。本当の自分に蓋をしたり、ないがしろにせずに行動し、本心に従ってやりたいことを選び続けてきたから、天の意図と合致したのです。その結果、想像以上の結果を宇宙に見せてもらっているのです。

これまで苦しいことがなかったといえば嘘になります。嫌だと感じることもたくさんあったし、つらいこともありました。

でも、「好きなことをやっている」という満ち足りた気持ちのエネルギーは最上のものです。おかげで嫌なことがあっても、そこから気づきを得たら手放して、どんどん次元を上げることができています。

天職で生きていく2つのポイント

天職で生きるポイントは大きく2つあります。

①理想を生きる意識を持つ

むしろ「理想だから生きられる！」くらいの意識でいきましょう。

②本当の自分を知るための行動を習慣にする

自分を知るほど、自分に無理や無茶を強いることなく天職を楽しめるようになります。

①については、この章の冒頭に書きました。

②は、セルフコーチング（自分との対話）の話に繋がります。

仕事に限らず、どんなことにもいえますが、**セルフコーチングを習慣にするだけで自分自身が超パワーアップします。**

多くの人は普段「外」にエネルギーを使いすぎていて、自分のことより他人のこと、世間のことばかり気にしています。これでは自分軸はいつまでも確立せず、やりたいことで生きていく決心すらできないでしょう。

自分と対話をする習慣を持つだけで、自分に「興味」が戻ってきます。他人のことばかり気にしているときは他人に興味があるのです。ここを自分に戻さないといけないのですが、それは自己対話＝セルフコーチングでできます。

まず、「今日の体の調子は？」と静かに体に意識を合わせて体調や様子を感じてみる。

そして、「今日何が嫌だったの？」などと自分の思いを聞いてあげる。

そこから「どうしていきたい？」と前向きな問いかけをしていきます（厳密にはこの部分がセルフコーチングです）。

天職ではアイデアも大切になります。「次にやることはこれ！」などとメッセージを受け取れる人は、自己対話が明らかに得意ですし、習慣になっています。自分の思いを受け取るのが上手なのです。

私も長年これを習慣にしてきました。そして想像以上の結果を天職で作ってきました。

自分を知る習慣は、天職で生きていくための必須の行動であり、ポイントなのです。

やりたいことが見つからない、見つけられないときは？

「やりたいことがわからない。でも見つけたい、知りたい」という方は、自己対話（セルフコーチング）によって「自分を知る」ことに日々勤しんでいきましょう。

一定期間セルフコーチングをやり続けて、それが習慣になった頃には、仮にまだやりたいことが見つからなくとも、「これがいい」「こういうことが面白そうだ」「このことについて、ちょっと調べて、話を聞きにいってみようか」という思いが増えているでしょう。

これが自己対話の効果です。

「自分に興味を持つぞ」と決めて、どんな小さなことでもいいので自分と話していくと、やがて思いが湧いてくるようになります。単なる思いというよりも、「意志」というほうがぴったりです。

思いはふっと降りてくるような感覚で来ることもあります。強い興味のこともあります。そういったことを繰り返すうちに「やりたいこと」「天職」に出会えます。

遠まわりのようかもしれませんが、「明日、どんなふうに過ごしたい？」と自分の本心に聞くことから始めましょう。友人に対してモヤモヤを感じたら「何が嫌だったの？」と自分に聞いてあげてください。その習慣が、最終的に「私、これやる！　やりたい！」という天職に繋がるようになっているのです。


そのプロセスについては、私のデビュー作『ネガティブがあっても引き寄せは叶う！』（大和書房）の中で「わらしべ長者」として書きました。最初は小さな日常の問いかけと答えのやりとりだったのが、だんだん天職やライフスタイルをどうしたいかという大きなテーマの答えまで、自己対話で出せるようになっていきます。

日々、自分と話をするだけでこれだけの結果を得られます。場所もお金も必要ありません。ただ繰り返し自分と話をする。これを続けられるかどうかです。

「自分にもっと興味を持つ」という指令を自分の脳に言葉で入れると、そちらに向かいやすくなるので、ぜひ活用してください。

やりたいことが見つかった人は、まるで水を得た魚のようです。みずみずしく生き生きとし出します。

まだ形として天職を叶えていなくても、「やりたいことがわかった！」というだけで人はものすごくエネルギーを蓄えるようになります。それくらい、好きなこと、時間も忘れて没頭できることと出会うのは、大きなギフトを得ることなんですね。

日々自分とのお話タイムを継続することで「やりたいことを見つけたわらしべ長者」になってください。

天職にまつわるセルフコーチングの問いかけ例

天職にまつわるセルフコーチングの例をいくつか挙げてみます。この質問を定期的に自分にしてあげてください。だんだん答えがはっきりしてきたり、内容が発展していくことに気づくでしょう。

問いかけをするたびに、その答えを文字にして記録をとっておくのもいいと思います。

「天職セルフコーチング」

・自分が創りたいもの（サービス）は何？
・どんなビジネスのスタイルがいいの？

・会社にしたい？　個人事業でやりたい？
・どんな人と仕事をしたら楽しい？　それともひとり起業がいい？
・将来、自分の天職の展望はどんなふう？
・ビジネスと自分のプライベートのバランスはどう？
・他にもやりたいことはない？
・天職を拡大させるために必要な環境ってどんなものだろう？
・収益はどれくらいがいい？
・自分のオフィスや空間を持ちたい？　それを叶えるのに必要なものは？
・今のものに加えられるものってある？
・いくらでもお金が使えるとしたら、未来実現のために何に使いたい？
・時間が制限なく自由だったらどう使いたい？
・5年後の自分の姿をできるだけありありとイメージしてみると？
・その願いは私にとってなぜ必要なんだろう？
・天職を叶えるのに今すぐできることって何？

これを「天職セルフコーチング」と呼んでいます。ぜひ、ご自身でもいっぱい問いを作ってみてください。

天職セルフコーチングの利点はたくさんあります。

こうして自分に聞くことを習慣にすると「感覚」が研ぎ澄まされてきます。すると「受け取る力」と「感じる力」も磨かれます。そうすると、仕事にまつわるアイデアなど、インスピレーションを間違いなく受け取るようにもなります。

多くの人に喜ばれる商品やサービスの開発は「ひらめき」から起きたという成功者は多いものです。「これ！」というアイデアや新しくやっていきたいことへの直感を、天職セルフコーチングでぜひ深めてください。

これからのビジネスは「愛のエネルギー」で循環する

これからの時代、ビジネスは何によって大きく発展し、成功するかといえば「愛のエネルギー」です。ようやくこういう話を堂々と自信を持って伝えられる時代が来ました。

この段階でも「え……そんな夢みたいな話でご飯は食べられない」という反応が出た方がいらっしゃると思います。

それも思い込みの1つで、先ほど書いたように、私もこの仕事に飛び込む前は「理想だけでは飯は食えない！」と豪語していました。「なんでも愛で解決したら苦労しない」「それはあくまで理想だ」という固定観念が手放せなかったのです。

思い込みを実際に口にするからますます負のパワーが増して、なかなかやりたいことへの一歩が踏み出せずにいました。これではいけないと思い、セルフコーチングを徹底して、思考と意識を書き換えて「やりたいことをやっていいんだ！」という許可を出せるところまで自分で持っていったのです。

今では「やりたいことだからこそすべてがうまくいく」と思っています。天職をビジネスにして、お金を巡らせることができるのです。

これからはなぜ、ビジネスが愛でしか回らないのでしょう？

宇宙全体がエネルギーをアップさせている今、その中に存在している私たち全員が意識上昇の過程にいます。全員が宇宙の中にいますので、個人差はあっても必ず影響を受けています。

その大きな特徴は、繰り返しになりますが、他人の目よりも自分の本心に気持ちを向けるようになる人や、本来の自分の姿で生きようと決める人が増えることです。多くの人の「気づき力」が高まっています。

これは**「変なものはわかってしまう力」が高まる**ということ。売る側が「ただ買わせたい」というだけのエネルギーで、受け取る側の本当の豊かさを全く無視して仕事をしていると、それが受け取る側にわかってしまうのです。

今はサービスを受け取るお客様も、私たちと同じく意識の次元上昇の波の中にいますから、違和感や合わないものには敏感になっていきます。これまでならあっさりと受け取っていた人も、今までと同じわけにはいきません。

売る側の意識は伝わっていく

本当に栄えるのは、真の愛でやっている仕事や、やりたいことを愛で渡していく仕事です。「とりあえずたくさん売りたい」「どれだけ買わせられるか？」という利益が先に来るビジネスは衰退したり、立ち行かなくなるでしょう。受け取り手の意識の上昇は、こうしたところでも発揮されるのです。

皆さんも「なんか、この商品買いたくない。同じものならこっちにしよう」と感じたことはありませんか？　ひょっとしたらその商品に「買って！　買って！」というエネルギーが乗っていたのかもしれません。

利益重視で、消費者の体に優しくない商品でも「売れればいい」とやっているビジネスも、やがて衰退すると私は見ています。

社会を見ていてもいろんな嘘が出てきていますね。「正直者はバカを見る」なんて長く思われてきましたが、もうそれは終わります。正直なビジネスだからこそ、愛がどこまでも循環する時代に入っています。サービスや商品を受け取った人が、心も体も豊かになるようなビジネスが成功します。それでいて送り手側ももちろん豊かさを受け取れる、双方がウィンウィンになるのがこれからのビジネスです。

お客様に「お金を出させよう」という意識でビジネスをしない。売る側のエネルギーは提供するサービスや物に乗って伝わります。そのエネルギーが相手に拒否されてしまいます。**損得を考えずに、真摯に仕事をするほうが、これからはうまく流れに乗れます。**

「売るための○○」といった戦略や策略におぼれすぎないことも大切です。嘘で商売をすれば、必ず嘘のリターンがきます。「とにかく売ろう。売りつけよう」という部分にエネルギーを使うのなら、「もっと楽しい商品を開発しよう」「次はこんな企画でお客様に笑顔になってもらおう」と考えることにエネルギーを使ったほうがいいですね。

「愛を出したら、また愛のエネルギーを引き寄せる」。これは恋愛でも仕事でも同じなのです。

やりたい仕事でお金を巡らせていこう

声を大にして伝えます。好きなことをやったほうがうまくいきます。これは今後の世界では間違いありません。

逆に言うと、好きなことをやっていないとうまくいかなくなります。「好きなことをやったほうがいいよ」ではなく、「好きでもないことをやっていると、ダメになっちゃう」という感じです。ダメになってから「やっぱり好きなことじゃないとうまくいかない」と気づかされることもあるので、そうなる前にいち早く「やりたいところに行く」と決めてしまうことです。

そのときに、お金の不安が最初に出ます。安定を手放すことへの不安もあると思います。でも、社会を見ていたらわかりますが、もう永遠の安定なんてなくなってきています。「これが安定」「これなら不安定」という概念自体が使えなくなります。実際に「えっ、あんな大企業が倒産したの？」というようなことが起きていますよね。

お勧めしていても、個人でやってもどちらでもいいですが、とにかく好きなことをやることです。

「好きなことをやる」＝「嫌なことがゼロ」ではない

好きなことをやるというのは、「嫌なことがゼロ」ということではありません。

例えば、私も「好きなことをやっているので嫌なことがないのですね」と勘違いされたりしますが、嫌なことはいっぱいありました。泣いたこともありますし、今も嫌なことはあります。

発信活動をし始めて約10年の間に「もうやめたい」と思うことも何度かありました。でも、そのたびにいろいろな気づきもあり、改めて自分の本心も確認できました。

嫌だと感じることが仮に起きても、それでもやりたい仕事かどうかを自分に問うと、心から好きかどうかがわかります。本当にやりたい仕事だったら、またやりたくなります。

一時期は嫌だと思ってふてくされたとしても、やっぱりこれが好きだからと戻ってきてしまう仕事が天職です。

会社勤めでも、そういう職場なら天職である可能性が高いです。「いろんな人がいるけど、この職場がやっぱり好きだな」とか、「この仕事、私が担当って感じだよね！」と思えるなら天職です。

絵を描く人、文章を書いている人、いろいろな表現をしたり、ものを作り出す人、何かを販売している人、地味な作業が得意で好きな人、さまざまだと思いますが、それが好きでやっていることなら、人間関係がややこしいなどはあるかもしれませんが、仕事自体がつらいことはないですよね。

トータルでは「この仕事好きだよね」という気持ちになるなら、それが天職なのです。

好きなことは「頑張っている」とか「努力している」という感覚がありません。例えば絵を描くのが好きな人は「頑張って絵を描く」とは思っていません。私もセミナーで「頑張ってしゃべっている」と思っていません。

天職をまっとうしていると、世界の全員が、誰かのライトワーカー（光の仕事人。人々に希望の光を届ける使命を持った人）のようになっていきます。どんな職種だとしても、です。これは仕事に限ったことではありませんが、仕事では特にそうなのです。

自分の提供するものを受け取ってくれる人を幸せにする。そんなライトワーカーに世界の全員がなっていきます。

宇宙は売りつけない、儲けない、稼がない

宇宙は売りつけないし、稼ごうとしないし、儲けようともしません。ただ巡らせようとします。なぜなら渡す側も、受け取る側も、どちらにも幸せになってもらわないと「宇宙の治安」が悪くなるからです。

宇宙の治安とは、宇宙の波動の状態です。喜びを感じている人の波動は良いものです。本当の愛を提供するビジネスには、必ず宇宙のサポートも強く入ってきます。

ビジネス的視点でお金（収益や収入）の話をする時は、「稼ぐ」という言葉がわかりやすいし使いやすいので、私もこの言葉を使って本やブログで解説することはあります。

ただ、「いくら稼げるか？」を最終ゴールにすることから抜けていこう、とも提案して

います。なぜなら「稼ぐ」とか「儲ける」には、まだ制限が残っているからです。
一方、「巡る」に制限はありません。いくらでも巡ります。自分の側だけではなくて、自分の仕事を受け取ってくださる方にも巡ります。いくらでも止まらず循環するのが「巡り」の意味で、そのイメージはまさに「天職」の結果です。

これまでは社会で生き抜いていくためや先々の蓄えのために、「転ばぬ先の杖」として稼ぐ必要があるとされていました。それも間違いではなかったですし、これからも稼ぐことを選択することが悪いわけではありません。どんなこともすべて本人の選択なので、そこにいい悪いはありません。

ですが、私は愛のエネルギーが一番パワフルで、願いを叶える力も最強だと信じて行動してきました。そのおかげで結果を受け取ることができて、今があります。

次元が変わるこのタイミングで「やりたいことをやる」という本心に基づく天職と、それを受け取ってくださる他者への真心。その愛が一番パワフルで巡ると確信しました。

私たちがお客様から受け取るお金も、対価としてお渡しする商品やサービスも「巡り」です。お金にもエネルギーが乗って人から人へ運ばれていくので、これも愛の拡大です。

ですから、人に何かを提供するときは、自分がどんなエネルギーでそれを提供するか、どんなエネルギーを乗せているか、という部分が本当に大事なのです。

「もっと幸せになってね！」と思って渡していく。これが愛の拡大です。そんな意識で仕事をしていれば悪いことにはなりません。

稼いでもいい、でも一番の目標にはしない

私は起業してから9年目になり、会社を設立してからは7期目です。これまでの過程で、私は「稼ごう」というところに一番の目的を置いたことがありません。

「べつに稼げなくていい」というわけではありません。それでは経営はやっていけませんから。**豊かさを感じることは大事ですし、豊かさを感じるほどお金も巡ります。**仕事である以上、当然そこも大事です。

ただ、「あえてそこを一番の目標にしない」という意識を持つ、ということです。最優先する目的が「お金がどれだけ入ってくるかな」「どれだけ売って稼げるかな」ではないということです。

私はビジネスのビの字も知らず、何もわからない状態で起業しました。たった1人でスタートしました。前職とは全く違う知識やスキルも必要でしたし、やりたいことが増えて、セミナーのように個人レベルでないことをやろうとすると、サポートしてくれる人も必要になってきます。

不思議ですが、行き詰まって「これからどうしよう。困ったな」と思ったときは必ず打開策が出てきたり、助けてくれる人が現れたりしました。それどころか、もっと仕事の幅を広げられるような新しいことを提案してくれる人と出会えたり、さらなる進化やスケールの大きな豊かさへ導いてくれる会社と出会えたりしました。「あー、どうしよう」と思うと、絶妙なタイミングで次が出てくるという感じです。

「これくらいの年商をあげよう」と決めると、そこへ行くための仕事が湧いてくる、という感じです。つまり、**「どれだけ得るか」も決められる**ということです。もちろん、決めないほうが制限がなくて面白いとは思います。でも、決めたければ決めても別にいいのです。

天職はライフスタイルに直結する

「1日8時間勤務で、通勤に往復3時間。仕事に毎日12時間以上を使っている。こういう生活から脱したい」とご相談をいただいたことがあります。

私も前職の教育公務員時代は朝が早くて帰宅も遅く、1日12時間以上を仕事に取られていました。帰宅したらしたで次の日の授業の準備をしなければならず、土曜日は平日の疲れと睡眠不足を取り戻すために死んだように眠る……つもりが、娘がいるのでいつまでも寝ているわけにもいかず。そんな感じで常に疲弊していました。24時間を仕事にあてているると言っても過言ではないくらいでした。日曜日は少し気分転換をしようとしても、月曜が来ると思うと憂鬱になる「サザエさん症候群」でした。

今、こうした毎日に疑問を持つ人がとても多くなりました。「仕事ってこういうものだ」

という概念がひっくり返ろうとしています。なぜかというと、単純に自分の体も心もきついからです。自分に全く優しくないからです。

こんなに長い時間、働かないのがスタンダードな国だってあります。日本人は忙しいと、本当にそう思います。勤勉だとされる国民性は素晴らしいと思いますが、いつも忙しくて、疲れていても「頑張れ！　これに耐えられたら素晴らしい人間だ」という価値観はどうなんでしょうか。もっと、こうしたことに疑問を持っていいと思う時期がきています。

「普段は仕事があるから十分な睡眠なんて取れないものだ」と思い続けていると、これからもそうなってしまいます。ですが、「なぜそんな思い込みを持ってきたんだろう？」「もう手放してよくない？」と感じ始めたら、今の仕事を卒業するのもありかもしれません。

自分の大切な体に十分な休息も取らせずに、働かせる職場にい続けるのか？　本心に従って、時間も、収入も、休み方も、働き方も自分の思うようにやっていくのか？　そういう職場を新たに探すか？　大きな選択ですね。

今の仕事を手放してやっていけるかどうかの不安も絡むと、なおさら判断は難しくなります。今までの価値観を覆すというのは、選択にかなり振り幅が出るので、そう簡単には決められないですよね。

ですが、仕事選びはライフスタイル選びに直結します。どんな日常生活を送りたいのか、時間の使い方、大切な人との過ごし方、5年後、10年後のビジョンを自分に問いかけていくと、今の状態に違和感や疑問が出るかもしれません。

そして、「もうここは違うから、新しい世界へ」と思うかもしれません。

大切なのは自分に無理や無茶を強いないことです。体が悲鳴をあげるほど働かせる、我慢させるのは天職においてはＮＧです。

自分を大切にしない天職はあり得ません。「こうであるといいな」というライフスタイルのイメージを叶えるのに、どんな仕事スタイルがいいのかも、きちんと自分で設定してください。「それを叶えるんだ」としっかり決意していきましょう。

中には仕事が一番の生きがいで、休みの日も仕事していたい！　という方もいます。そこに無理や無茶や苦痛がなければ、それでもいいのです。

人それぞれ異なりますが、妥協しないで決めてくださいね。

忙しく働かなくてもお金は回る

暇になると、困りますか？　暇になって、お金が回らなくなると困りますか？

だったら、暇でもお金が回るようにすればいいのです！

自分が好むように、意味を変えていいんですよ。


「暇でもお金が回る」って、なんだか罪悪感がありますか？

「暇でお金が回ってはいけない」「楽してお金儲けしちゃいけない」と思っている自分がいますか？

だったら、そんな自分を観察してあげてください。そして「それでもやっぱり、忙しいのは嫌だな」というのなら、設定を変えてしまえばいいのです。

「私は好きなことをして、暇で、お金が回る」と決めてあげてください。

✴︎「忙しい」の概念を書き換える

私は忙しいのが結構好きでした。何でもかんでも「忙しい、忙しい」と言いながらやっていました。「一年中、忙しいです」みたいな感じでした。

でも、あるときから「好きなことだけで忙しい」にしようと決めました。そして今は、「好きなことでゆっくり時間が流れていく」とか、「好きなことをして、ゆとりがある」というのを、とても大事にしています。

まだ練習中ですが、おかげでだんだん時間がゆっくり流れて、ゆとりが生まれ、暇になってきました。

でも、暇になっても大丈夫でした。隙間を空けていくことで、もっともっと軽くなるという体感が増えてきました。

同時に、暇になっても何も困ることがないという自信を感じるようになりました。あんなに忙しいのが好きだったのに、「暇なほうがよい」という感覚がどこからかきています。

仕事も昔みたいに、いろんなことをたくさんやるという感じではなくなっていきそうです。もちろん、今の伝える活動はしっかりやっていきたいのですが、そこにお金が生じるとか生じないとかは自分の中で関係なくなってきています。

お金が生じないところで何をやっていてもお金が回る、という信頼感が芽生えました。

忙しいのが悪いわけではないのです。やりたいことが多すぎて忙しいのも、楽しいですよね。ただ、「忙しい＝悪いこと」という概念が張り付いていると、忙しい状態になると悪いことが起きてくるので、そこだけは注意してほしいと思います。

「忙しい＝楽しい」とか、「忙しいけど楽」と決めていればいいんです。そうすれば、楽に、楽しく「忙しい」がやれます。

着地点にだけ、ちょっと注意していたらいいですよ。単に「忙しいなぁ」というのを出しっぱなしだと、「忙しいなぁ」で着地して、忙しいだけの毎日になってしまうので。

すでに書いたように、私は忙しいのが好きだったので、器用貧乏とも言われたりしていました。器用貧乏って、あまりいい言葉じゃないですよね。「貧乏」が付いていますから。

だから先日、「よし、器用貧乏から貧乏を取ろう」と決めました。**「器用だけでいいじゃん！」と思って、周りの人にも「貧乏取るわ！」と宣言しました。そうするとセルフイメージが変わって、逆にいろんなことができるようになりました。**

大学で英語を勉強して、途中で放り投げました。その次に文化論を勉強して、これも直接の仕事にはしませんでした。続けて精神世界の勉強を始めました。さらに今は密教学をゆるりと勉強し始めています。

たしかに、世間で言うところの器用貧乏かもしれません。「どれも全うできてない」という見方もあるかもしれません。ですが自分では「これだけいろんなことを知って、ある程度できて、それだけ知見を広げている」と思っています。そして「これだけ器用なんだから、これからも大抵のことはなんでもできちゃうよ！」と、ますます自信が湧きました。

セルフイメージってすごいですよね。

「私は好きなことして、暇で、お金が回る」という、これもセルフイメージです。

好きなように設定を決めて、自由に書き換えてしまえばいいんですよ。

「天職」というお役目がお金を引き寄せる

天職とお金について考えてみましょう。

これから好きなお仕事でやっていきたい方は、こんなふうに考えてください。

「自分が喜んでしている仕事で、人に幸せと豊かさが巡っていく」

「私は人をいつも幸せにしている」

そして、その楽しさをご自身がいつも味わいながら仕事をしてみてください。すると、宇宙からどんどんお役目が降りてきます。

お役目といっても厳しいものではありません。愛のお役目です。**宇宙の意図は、人も、自然も、あらゆるものたち全部の存在が幸せであることです。だから自分の仕事で人を豊かにしたいと思うと、すんなり役目が上から降りてきます。**

お金が直接降りてくるのではなくて、お役目が降りてくるのです。結局このお役目が、天職で得るお金ということになります。

私はたくさん伝えたいことがあってこのお仕事をしていますが、私が伝えたいというよりも「伝えてくれ」というメッセージが上から降りてくるのです。実際には、伝えたいことが私の心に湧くのですが、これ自体が宇宙からの指令みたいなものだと思っています。だからブログでも「何を発信しよう」なんて考えたことはありません。おかげで毎日苦労もせず、新しい記事をアップできています。「これを書いて伝えて！」というメッセージみたいな感覚がどこからか湧いてくるからです。「天職で生きます」と決めて、「お役目、カモンです！」と宇宙に宣言してからずっとこうです。

スタートは、自分の本心からの「伝えることが好き。話すこと、書くことが好き」でした。

前職でも教えることや伝えること、人の相談に乗ることが好きだったから教師になりました。間違いなくその22年間も天職をやっていたと思います。今も戻りたい時があるほど、子どもたちが大好きです。

このように、**「自分がやりたいこと＝本心＝宇宙が私にしてほしいこと＝天職」**です。

そして、ここには必ずお金が巡ります。宇宙は「やってほしいことがあるんだけど、報酬ないからね！」なんてことしません。それどころか十分巡らせてくれます。

私の仕事なら、会社の経費とか自分の給料だけではなく、仕事をするうちにもっといろいろ学びたくなって大学に行くとか（今、人生4回目の大学生をしています）、こういうことをする時間もお金もゆとりも回してくださいます。そこで楽しんで、好きで学んだことは、本やブログの読者のみなさん、講座やセミナーに来て学んでくださる方に、またお返しできます。「なんてありがたい循環なんだろう」と思いながら、私はこの10年近く、ずっとそれだけで生きています。

天職については「お金が一番ではない」と書きましたが、でも実際には、自分の計画以上のものが巡ってくる気がします。もはや自分の力ではない、宇宙の力が働いているとしか思えません。

「天職をやっていたら宇宙力《うちゅうりき》でお金が巡る」。これ、現実化させている人間が言っているので信じてくれますね？　私自身が「エビデンス」です。

所有を意識しなくても、必要な分はちゃんと回ってくる

お金に恐れがある人は、お金を使うこと、お金が減ることを嫌がります。**「使うとなくなる」「もう入ってこない」というブロックがある**ためです。

また、自己否定感がある人は、お金や物を所有することで人にマウントを取ります。「これだけ持っているのがいいこと」と所有している様子を見せることで、自分の立ち位置を高いところへ持っていこうとします。本当のお金持ちは、持っていること自体を自慢したりはしませんし、それが「すごいこと」とも言いません。黙って持っているだけです、わざわざSNSで「すごいでしょ」とアピールしたりもしません。

自己価値観や自己肯定感が低い人ほど、人に勝てそうなところを見せつける行動をします。だから「これだけ持っています」という知り合いのSNSを気にする必要はないので

す。

でも、気になってしまう気持ちもわかります。そんなときは「そこに反応する自分がいるな」と、自分の内側に目を向けてください。その裏にある自分の思い込みに気づけるので、そうしたら「もうこの思い込みは使わないぞ」と手放してしまえばいいのです。

社会では近い将来食糧難がくるとか、資源が足りなくなるとか、いろんなことが言われています。「実際のところ真実はどうなんだ？」という気もしますが、そのことは今回は置いておくとして、とにかくそういう状況があるために、多くの人の思考は「かき集めておく」「所有していると安心する」「持っている人がすごい」となりがちなのかもしれません。

逆に、多くの人がその概念を使うということは、新しい時代に向けてそれを手放しなさいよ」というサインでもあるのですが。

本当に必要なものだけあればいい

私は幼少期からお金に恵まれない家で育ちました。これまでにも少し書きましたが、父がギャンブラーで、酒飲みで、あちこちで借金を作っていて、家計は火の車でした。なかなか新しい服は買ってもらえず、私の靴下はいつもゴムが抜けていて、ソックタッチというノリのようなものでとめて履いていました。

今なら笑い話として言えますが、幼い時はそれが嫌でたまりませんでした。可愛い洋服を着ている友達に「なんでそんな靴下なの？」と言われたこともあります。豪邸に住む友達の家に遊びに行ったときには「私はお金持ちだから、あなたと違うのよ」と面と向かって言われたこともあります。

小さいながらショックを受けましたが、そんな時期を経て、大学まで出してもらって、公務員（教員）として自分で稼げるようになりました。その後、結婚・離婚して、起業して、自分でお金を生み出すという体験を引き寄せてきました。それは天職を進化させるプロセスでもありました。

こんなふうにして、「自分でお金を巡らせることができるんだ」ということがわかるようになってみて思うのは、**「生きていくのにそんなにお金は必要じゃない」**ということと、**「必要だと思うぶんはちゃんと回ってくる。しかも、必要なぶんより多めに」**ということです。

私は自分でお金を生み出せるようになればなるほど、物を持たなくなりました。何も必要ないというよりは、本当に必要なものだけでいい、と思うようになったのです。

心が満ち足りているので物欲がなくなったのがまずひとつ。また、自分が何をほしいのかが明確にわかっているので、やみくもにお金や物をかき集めて満足する、安心する、ということがなくなったのです。

どのように使うと自分は幸せ？

「お金がない！」と思うから、お金や物がほしくなります。それよりも、「お金を使って何をやりたいの？」「何を体験したいの？」という問いかけを自分にしていくことが大切です。

それでも最初のうちは「お金！　お金！　お金！　お金！」という思いばかりになったりします。「とりあえず〝持っている〟というだけでいいことなんだ」という思いがなかなか払拭できなかったりします。

だとしても、だんだん「お金を使って巡らせることができる」とわかってきて、それが面白くなってくると、「お金を使って何しよう？」「お金を使ってもっとこんなことを創造しよう！」というふうに意識が膨らんでいくでしょう。

そういうお金との付き合い方になったら、もう大丈夫。お金の流れを感じるのがますます楽しくなって、もっともっとお金がやってきます。


とにかく**「自分はお金を何に使いたいのか」と、いつも自分に問いかけること**です。

「本当にこれほしいの？」と問いかけてから買う。

「良い」と思ったら高くても買う。

「違う」と思ったら買うのをやめる。それは節約ではなく、自分の本心に従って行動していることになります。

そうやって私たちは、本当に必要なものだけで生きていくようになります。しかも、それが一番満たされる状態なのです。

「私にとっての豊かさは何？」と聞いてみる

「私にとっての豊かさは何？」という問いかけも常に続けていきましょう。これもセルフコーチングです。

「私にとって心が一番癒されるものは何?」「私にとって今一番重要だと感じるものは何?」、そんな問いかけもいいと思います。

たとえ高価なものがほしくても、それはそれでいいわけです。好きなものを自分の周りに置いてあげればいいですよ。ただ、何でもかんでもほしいという場合は、ちょっと心が枯渇しているのかもしれません。

「好きなアイテムがたまたま高価なものだった」、これはありです。「すごく好きなジュエリーがある」とか、「愛してやまない名品バッグがある」というのはいいですが、「全部抱え込んでいないと嫌」「これがないと不安」となると、足りていないエネルギーがあるというサインです。

「かき集めてないと不安だ」というのは何か問題があります。そこを自分で見ないと、いくら買っても絶対に癒されません。むしろ余計に不安が増してしまうのではないかと思います。

そこを見るためにも、「私にとって一番の豊かさは何?」と聞いてあげるということです。

決めるからお金がやってくる

「決めると、お金が来る」という順番についてお話しします。

「お金が来たら、これやろう」ではなくて、**「これをやると決めるから、お金が来る」**のです。

ぜひ日常で、いろんな金額でちょこちょこと実験してみてください。

「お金が貯まったら、あそこへ行こう」と思っていると永遠に行けない可能性があります。

これからは「あそこへ行こう」と決めてしまったほうがいいです。「行くぞ！」と決めたら、そのために必要なお金がやってきます。「お金ができたら、これをしよう」というのは順番が逆なのです。

「お金がある・ない」というところにこだわると、全部止まってしまいます。**お金がないときからまず、「それをやる」と先に決めてしまいます。**例えば、今忙しい、お金もそんなにない。でも「私はあそこへ旅行に行く」としっかり決めると、適当なタイミングで旅行に行けそうな日にちが空いてきます。お金も同じ流れでついてきます。「どこから来るのか？」と仕組みを疑う必要はありません。ただ素直に「旅行に行く」と決めて、創造の流れを自分の宇宙に作ってあげてください。

同じように「旅行に行く」と決めると、「一緒に行こうよ」という相手が出てきたりします。それがきっかけでパートナーになったりもします。でも、「パートナーができたら旅行しよう」となると、なかなかパートナーはできないものなんです。

ここでも「パートナーと旅行に行くぞ」と先に決めるのです。まだ彼氏や彼女もいないうちに決めてしまう。世間一般の認識と全く逆ですが、これが新しい次元上昇時代の法則です。

パートナーもお金も同じ。私たちの「意識」が先なのです。だからイメージすれば叶いやすくなります。先に脳内で旅行に行ってしまいましょう。

貯金は人生を豊かにするために

貯金も「意識が先」です。どんな意識で貯金をするかでお金のエネルギーが変わります。「もしもの時のために」となると、その「もしも」に意識がフォーカスするので、それが起きやすくなります。「もしも起業するなら」という希望的仮説はまだいいですが、「もしも病気になったら」と言っていると病気になりやすくなります。

そういう思考の使い方、意識の持ち方はやめておきましょう。「人生を豊かにするために貯金をしているんだ」と思っていけばいいのです。

貯金が悪いわけではありません。貯金はしていいです。ただ、**「何のために自分がそれをしているのか？」という部分をきちんと確かめておく必要がある**ということです。

「もしものために」だけでは、恐れにフォーカスすることになります。それよりも「もっと人生を豊かにするために」「もっと自分が幸せになるために」「もっと楽しむために」などとしておくのです。

豊かになるために、死ぬまで幸せになるために、満ち足りて過ごすために、いつでも使えるお金を今、用意していると思えば貯金も楽しくなりますね。

「ローンは組まずキャッシュで買う設定」もオススメ

例えば「家をキャッシュで買うんだ」と思ってみるのも楽しいです。

「家は35年ローンが原則」という思い込み、ありませんか？ 私はこれが頭の中にありました。「家は35年かけてローンで買うものだ」と思い込みがあったということは、自分で決めていたということです。これも意識が先。そのため、以前、結婚していたときにやっぱり35年ローンで家を買いました。

でも、「なんで35年ローンと決まってるの？」と疑問に思って、その観念を外せれば、「可能ならキャッシュで買えばいいいんじゃない」くらいの設定でOKということになります。

家1軒をキャッシュで買うのはすごい設定かもしれませんが、これが車ならどうでしょう。キャッシュで買うのも現実味を帯びてきますね。車の金額が100万円か、200万円か、500万円かはわかりませんが、自分のイメージ通りにキャッシュで買えるって楽しいですよね。

ローンを抱えるとずっとエネルギーが必要です。払い続けている間、多少なりともそこに気持ちを向けるからです。「払っている」という意識がずーっとあります。だから「キャッシュで買う」とか「なんでも一括で」というのもオススメな意識の設定法です。

「そんなの無理」と言ってしまうと、これからは間違いなく無理になるので、「突拍子もないけど、それくらいのスケールを採用しよう」と、試しにやってみてください。

踏ん張らず、緩めて循環させる

すべてのエネルギーは変化します。だから「維持する」という行為はエネルギーの法則性に反することになります。入ってきたお金を使わないようにしよう、一円も手を付けないようにするぞ、となると、お金は腐ります。淀んだ水と一緒です。

ただ、ちゃんと目的があってプールしておくお金は腐りません。「キャッシュで家を買う」とか、「ほしいものが出てきたら使う」という生き生きとした意識があるからです。

使うあてもなく、なんとなく困ると嫌だからお金をギュッと握りしめて維持しようとすると、体を踏ん張っているのと同じ状態で、不要な力が入っています。そうするとエネルギーの循環が悪くなります。

試しに手をギュッと握ってみてください。硬くて、詰まる感じがしますよね。1日中そうしていたら疲れますよね。

それをパッと離してください。緩んで、エネルギーが開かれた感じがしませんか？

こうして緩んだときに、なにごとも受け取る許可が得られます。

しかもブレません。力が入っていないほうが揺るがないのです。テニスでもなんでも、力んで打つショットより、力を抜いてリラックスした状態で打つショットのほうがパワーが出るものだそうです。力が入ってしまうと、なんでもカーンカーンと跳ね返ってしまいます。当たっても跳ね返ってどこかに行ってしまい、入ってこないのです。

私もセミナーなどでは緊張もなくリラックスして話していますが、そういう緩んで解放されているときのほうがエネルギーを受け取る力が高まっています。

私は昔、視えない世界が視える人に「四股《しこ》を踏んでる」と言われたことがあります。お相撲さんの四股です。それくらい力んで頑張りすぎている、それを緩めなさい、と。

もう、**握りしめて維持しようと踏ん張る時代は終わり**です。緩めてどんどん循環させる時代になります。そうしてエネルギーの巡りが大きくなります。

そうすれば、生き生きとしたお金が入ってきます。

「エゴ」だけではお金は回り続けない

一時的にお金が入ってきてもまた循環が止まってしまうときは、エゴが堰《せ》き止めていることがあります。

エゴとは、自分の本心や、心の感覚ではないもの、不安が作り出すもう1人の自分（の声）です。つまり、ダミーの自分が循環を止めています。例えば「今の仕事を辞めたい」「好きなことをして生きたい」。これが本心だとすると、「辞めちゃったら大変なことになるぞ」「安定を手放したら生活できなくなっちゃう」「生きていけなくなるぞ」。こちらがエゴです。

不安を煽る、焦らせる、やりたいことをやめさせようとする自分の声。この声は本心よりも大きいのでやっかいです。本当の感覚が消えてしまうくらいボリュームが大きいのです。恐れから自分を動かそうとするのがエゴの特徴です。

そして、**エゴはすぐに答えをほしがります。すぐに結果を求めたがります。**「すぐに100万円、出てきて」「明日、彼氏がほしい」のように。

もちろん、すぐに100万円が出てきたっていいし、実際、出てくることもあります。ですが、エゴは結果にしか意識が向きません。せっかちで待てないんです。「もう何をしてもいいから、お金さえあれば」とか、「パートナーだったら誰でもいい！」というくらい結果をほしがっている自分がいたら、エゴの声かも？　と疑ってください。

形にこだわる、形を見ることで安心する、つまり所有にこだわるのもエゴです。

商品を作ったり売ったりするときの「買って！　買ってもらわないと困る！」というエネルギーもエゴになります。私はチャネリングもしませんし、リーディングもしませんが、お店に行くと、やたら「買って！」というエネルギーを感じるときがあります。これも提供する人のエゴが入ってしまっているんです。

ホームページを見たり、ブログを見たりしても、そういう圧を感じること、ありませんか？　これも書き手のエゴが知らずのうちに出て、言葉に乗っているわけです。

いいお金の循環を作りたいなら、こういうエゴを手放していくことです。

✴✴「エゴ」の感覚が出てきたら、癒やす

エゴにも現実を動かす力があります。ただし、念力に近いエネルギーですが。そのため「変な」現実を創造しやすくなります。例えば「お金がほしい！」と強い執着というエゴでたまたま現実が動いたとしても、「これがなくなると困る」とまたすぐに不安というエゴがやってきます。

こういう願いの叶え方、エネルギーの使い方は続きませんし、宇宙のエネルギーともずれているので、やがてまた枯渇感が増して行きづまります。

もちろんエゴにはエゴの役割があります。それは**「自分にはこんな不安がありますよ」「そのせいで、望むことを止めていますよ」「あなたの中で一番の抵抗になっていますよ」というサイン**です。

例えば「離婚したい」というのが本音だとすると、確実に「離婚を選んでいきなさい」というう宇宙からのメッセージが来ています。なのに「経済的に困るから離れられない」というエゴが発動するという感じです。

そういうときは、「なにを恐れているんだろう」と、ちょっと自分の内側を見てあげてください。それで、自分の中で繰り返す代表的なエゴの感覚があったら、それを「もういいんだよ。怖くないよ」と癒やしてあげてください。「でも、あのとき、あんなことになっちゃったじゃない」というエゴの声がしてきても、「これからは大丈夫だから」と手放していってください。エゴがずっとくっついたままだと次に進めません。

本来は、本心のほうが強いはずなんです。エゴというダミーが本心に勝てるわけがない。それなのにエゴの声は手強くて、なかなか静かになってくれません。

ですが、これからは統合の時代です。陰と陽が1つになっていきます。自分の本心とエゴも統合していきます。そのためには、エゴに気づいて、少しずつ手放していくことです。

お金がダメージを引き取ってくれることがある

余計なお金を払うのは、嫌ですか？

実は、余分なお金を払わなければならない状況の時は、もっと他でダメージを受けるべきものが、「お金が出ていく」という形で解消されていることがあります。本当なら、もっといろいろ対処しなければならないことや、大きなケガに繫がるなど、現実の大破壊が起きるところを、お金が引き取ってくれているのです。

「厄落とし」とは本来、わざと大切にしているものを落とす行為だったそうですが、ちょっとそれに似ています。

ですから、**余分にお金を支払わなければいけない状況ができたときは、究極「ありがと**

う」と言えるといいのです。

そこまでいかなくても、「お金が引き受けてくれたんだ」と解釈できるといいと私は思います。場合によってはもっと大変なことになったかもしれないところを「お金が減るぐらいで済んでよかった」と。

こういう考え方はなかなか受け入れられない部分もあるかもしれませんが、でも、ずっと不平を言っていると、またお金が減ります。そしていつか、お金がなくなってしまいます。そこまでいくと誰もが「なんか変だな」と気がつくと思いますが、その前に気づけるほうがいいですよね。

物が壊れるのも同じです。私たちが被るはずのダメージを物が引き受けてくれたり、自分のエネルギーが上がったサインだったりします。壊れて残念とか、「どうしよう」と思うのではなく、その恩恵をありがたく受け取ってください。

お金は思い通りに動いてくれる優しい存在

お金ほど優しい存在はありません。お金に対して厳しいイメージを持っている人が多いようですが、そんなことはありません。これはぜひ、覚えておいてほしいと思います。

そもそも、お金には意志はありません。持っている人間の意志がお金の意志です。**自分の思い通りにお金は動いてくれます。お金と自分は一心同体です。**

自分でお金の使い方を決めて、「ここで使う」「これを買う」という意志を持つと、お金はその通りに出て行きますよね。

入ってくるお金も同じです。これもちゃんと頭の中に入れておくと、お金に恵まれる人生が創造されてきます。

ですから、「私はいつもお金がない」なんて言ったら終わりです。その意志の通りにお金が動いて、本当にお金がなくなってしまいます。

「お金が減るかも」「どうしたら減らずにすむかな」と通帳を睨む必要もありません。お金は優しいので必ず面倒を見てくれます。きっと入金があります。または入金に準ずるようなエネルギーの循環があり、ちゃんと守ってくれます。

私のブログを読んで、その通りに「お金は簡単に引き寄せられる」と毎日つぶやいた、という人がいます。そうしたら本当にお金が戻ってきたそうです。「過払いしていたものが数万単位で手元に戻ってきて、嬉しい臨時収入になりました」と教えてくれました。とてもシンプルなことですが、本当に、ただこれだけのことなんです。こうやって、お金は私たちの思い通りに動いてくれます。

例えば今、貯金が0円だったとしたら、「今日は0円なだけ」と割りきってしまえばいいんです。そして「一寸先は未確定。明日は1万円に増えるかもしれない」という意志を持つと、その通りにお金が動きやすくなります。

「主婦（主夫）だから、お金は自分の自由にならない」と思う方も、そんなことはないですよ。主婦（主夫）は楽しいと思って、どんどん楽しみを増やして、「もっともっと楽しんで主婦業をやっていい」という意志を持つと、そこにお金がついてきます。パートナーのお給料が上がったり、思わぬ貰い物が増えたりという形で、いいエネルギーがどんどん巡り、お金も動きます。

または、人に優しくされたりもするでしょう。実は、これもお金なんですよ。お金以上のものと言ってもいいかもしれませんね。

よく「人には優しくされるんですけど、お金には恵まれなくて」と言う人がいますが、「なんてもったいないことを言うの!?」と私は驚いてしまいます。

ご自分ならどうですか？　どうでもいい相手に対して、なかなか優しくしないですよね。そんなふうに人のエネルギーを動かせるなら、お金を動かすなんて簡単にできちゃいますよ。

第6章
本当の自分で生きるための習慣

最後の章では、主に新しい習慣としておすすめしたいことをお伝えします。

本書で再三お伝えした、本当の自分で生きる、自分軸で生きることは、五次元へ行く切符みたいなものです。ぜひ習慣として定着させてくださいね。

ポイントは、「自己否定を緩める」「自己犠牲に気づいて、その癖をやめる」「心と体への無理・無茶をやめる」「緩めて、優しくしていく」「他人よりも自分を優先する」。これらは特に勇気を持って習慣にしていただきたい部分です。

そうではない自分に気づいて、変えていけば、必ず生きやすくなってきます。

思考と意識が変われば現実の創造パターンは変わり始めますが、決定的にシフトできるのは行動が定着したときです。古い習慣に気づいて、変えて、新しい習慣として定着させましょう。

とはいえ、あまり時間がかかることを一度にいろいろやるのは大変ですし、続かなくなってしまいますので、ほんの一瞬、少しの時間でできることを、日々やり続けていく。そこに意識を合わせてみてください。

習慣 1

自分の思いを一番に叶えてあげる

自分軸で生きる方法としてお伝えする1つめは、「自分の思いを一番に叶えてあげる」です。つまり、**「自分第一を極める」**。どんなときも人の顔色を見るより、まず自分の気持ちを聞いてから行動することです。

「自分第一」という言葉から「わがまま」とか「嫌な人」と思うかもしれませんが、私が多くの方々と関わらせていただいて感じるのは、「もっとわがままになったほうがいい！」という方が圧倒的に多いということ。

自分の思いより他人の気持ちを窺うことが、ほぼ無意識レベルの癖になっているため、自覚すらありません。ですから、この「自分第一」は簡単そうに見えて、極めるまでには時間と根気が必要になります。

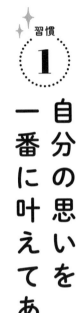

それくらい、自分をないがしろにしてきた、ということです。2番手以下に置いていた自分を取り返す思いで「自分第一」にして生きましょう。人の心を窺うより自分の今の思いを聞く。まずここから。聞くだけなら一瞬でできますね。

自分に対する愛も巡っていく

小さな例ですが、私は旅先で人にお土産やプレゼントを選ぶのが好きで、どこへ行ってもいろいろ買っています。これはこれで楽しいし好きだからいいのですが、あるときふと気づいたのです。「旅先で自分のために何か買うことってほぼないな……」と。店に入るとまず人の物を探して、それで時間が終わってしまうのがいつものことでした。

ここを修正しました。旅に行ったら、最初に「自分に何買おう⁉」。こう問いかけをするようにしました。人のためのお土産は自分のものを選んでから。自分のことからやっていく。

これを練習していったら、いろんなことに波及していきました。自宅で「ちょっとへたってるな」と思いながらも古いマットレスを使い続けていたのですが、「これは自分の体を適当に扱っていることだ」と気づいたりしました。そこで一番素晴らしいものを自分に与えるように意識を変えました。

また、「今日はゆっくりお昼ご飯を食べたい」とか、「眠たくなってきたからちょっと休憩して」というささいな心の声をちゃんと採用するようにしました。そうやって、どんな小さなことも叶えてあげて、「自分第一」を実践するようにしています。

そうしたところ、まず仕事もうまく回るようになりました。おかげでお金も回るし、人との楽しいご縁も回ってくれるし、パートナーシップも良くなるし。あらゆることすべてに、自分が自分に対して出した波動、エネルギーが影響していくことを実感しました。

愛情のエネルギーは出すほど巡る、というのは人に対しての愛だけではありません。自分に対する愛も、です。

愛情はいくら出しても減らないし、出せば出すほど増えて、また自分に還ってきます。だから、ますます自分の中からどんどん簡単に出てくるようになる、とお伝えしたいです。

自分に対する愛情なら、なおさらです。だからこそ、自分に愛をかける。自分の思いを一番に叶えてあげる。そうやって「自分第一」を極めましょう。

習慣 2

自分以外を主語にするのをやめる

自分が人生を作っている、自分が人生を作れる。そういう自覚を持つ。これが本来の自己責任です。

「コロナが流行っているから、何もできない」「これがあるせいで、あれができない」とか、「あの人があぁ言ったから、こんなことになった」「○歳だから、○○するのが難しい」とか、これらはすべて被害者意識です。

何をされても黙っていましょう、というのではありません。「これはダメでしょう！」ということについては、相手にきちんと伝えるなど実質的な行動は必要です。

ただ、その行動をする前に、自分の内側から「あの人のせいで」「この出来事のせいで」という視点だけは先に外しておくのです。

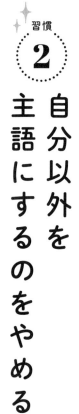

意識を整え、相手や状況に対して毅然と「ノー！」という行動をとったら、後は「これからどうしていくのか？」と考えます。**主語はいつも「私」で、「私は○○する」と能動的に置き換えてください。「自分」という主語を、被害者として受動的に使うのはやめましょう。**

「○○のせいで」のままでは、相手や外側に創造権を渡してしまうようなものです。

「自分の人生の創造者である」という意識を超自覚的に持つのです。

できない、うまくいかない理由を探す癖は、罪悪感や被害者意識になってしまいます。同じ状況の中でも、いろいろ考えて新しいことを始めたり、そんな時期だからこそやりたいことを始めてみたりして、結果うまくいっている人がいます。

視点や視座を変えるのです。今の目の高さや、今いる場所ではないところからものを見るようにします。すると、入ってくる情報が変わり、世界の見え方がガラッと変わって、発見できるものも変わります。

ずっと悩み続ける人はずっと同じ場所からモノを見ていることが多いものです。世界というのは日々変わっています。ずっと進化しているし、発展しています。

一見、そう見えなくても、世界が昨日から1ミリも動いていない、なんてことはありませんよね？

どこに意識を合わせるか、だけなのです。それによって自分の世界も変えられます。

または、「次の時代はこうなる！」という直感で動いてみるのもいいことです。

もう「〇〇のせいで」という言い訳をやめましょう。言い訳はエゴの声ですよ。

ただし、言い訳が出てきても自分を裁かないでくださいね。それはそれでいいのですよ。

さんざん言い訳を聞いてあげたら一日脇に置いて、「さあ、では何かできることはないかしら」と思うようにしていきましょう。

これもセルフコーチングです。必ず何か、次へのアイデアが出るようになります。

習慣 3
他人の思いを生きない

ある人に結婚したい理由を聞いたら「親に孫の顔を見せたいと思うから」と言いました。ですが、よく話してみると、実は本心ではそこまで結婚願望がないことがわかりました。「周囲の人が望んでいる生き方をしてあげないと」という優しい思いが自分の本心に勝ってしまっていたんですね。

仮に親が「あなた、こうしてちょうだい」と自分の思いと違うことを強いたり願ったりするのなら、それは親によってコントロールされていることになります。本当によくあるケースですが、親にはコントロールしているという自覚はありません。

周囲のことを気遣う人、優しい人は特に、常に「誰か」のために願いを叶えようとします。多くは「家族のために」です。

愛情や思いやりから、そう思うのはわかります。**でも、自分の本心と違っているなら、他人の願いを叶えるために生きない。**これからはそういう習慣にしていきませんか？

自分が叶えたい願いを叶える。こうシンプルに思ってはどうでしょう。

自分の中に「人に気遣いをするのが一番だ」という思い込みがあれば、他人の願いごとを生きてしまいます。

自分の願いを叶えるだけでいい。自分は自分の人生を生きればいい。そう思ってもいいのですよ。

2つの「かんじる」

本当の自分で生きる時に大切な2つの「かんじる」についてお話しします。

まず1つめの「かんじる」は、本心を「感じる」こと。

毎日、小さな出来事でも「そのときの本心を感じて」決めていきます。「今日はどの道で駅まで歩く?」とか、そういったことも1つずつ感じて決めてみてください。これが直感磨きの練習にもなります。

特に、心がネガティブな反応をしたときは外に意識を流さず、しっかり自分の心が訴えていることを感じてください。

習慣にしてしまうと、大そうなことではありません。自動的に「どう?」と聞ける自分になります。

もう1つの「かんじる」は、自分を観察する「観ずる」です。ありのままの自分を、やや距離を持って眺めることです。

1つめの「感じる」は、例えば「腹が立った!」という怒りの感情自体を感じます。一方、こちらの「観ずる」は、「怒っている自分がいるな……今、私は腹が立っているな……」と、もう1人の自分が、怒っている自分を少し距離を置いた場所から眺めている感じです。

瞑想でもこんな感覚になります(瞑想については最後に書きます)。

どちらの「かんじる」も自分の内側のみにフォーカスしています。意識は外に流れていません。ゆっくりと、ゆったりと自分と向き合っている。これが大切なんですね。

この2つの「かんじる」を習慣にしていくと、自然と自分軸が立つようになります。誰かの影響を受けて自分の考えを曲げたり、本心を偽って人に合わせたりしなくなります。「私はこれ!」という思いを生きられるようになります。そして何より、他人より自分のことに一番興味を持ち、「一番好きで大事にするべきは自分」と思えるようになります。

自分軸が整ってくると、恋愛の執着などに悩んでいた人も、その執着から抜けられるようになるため、いいご縁がやってきたり、縁が復活したりします。

実践していくと、外の現実に対しての対応力にも効果があります。起きている現象に入り込んでアタフタするのではなく、一旦引いてみることが自然とできるようになります。おかげでパニックを起こしたり、エゴの波動に同調しなくなります。

自分軸で生きることは五次元エネルギーの世界では必須事項です。この2つの「かんじる」を習慣にしていきましょう。

習慣4
「根拠はないけどそうなる！」をいつでも採用して行動する

願いを叶えたいときは、子どものようなエネルギーを大切にしてください。

子どものようなエネルギーの最大の特徴の1つは、「願いが叶うことに条件をつけない」ということです。常に「根拠なし」を採用しています。

大人は願望の実現に「○○したら叶う」「○○になれば叶いやすくなる」と何かと条件をつけて考えがちですが、**子どものように「そうなりたいからなる！」でいいのです。**

「根拠はないけどそうなる！」という思考習慣に固定しましょう。

そうすれば叶えようとしている願いからブレなくなります。

五次元エネルギーの世界では、いろんな制限を超えて創造をしていきます。私たちはその準備のために、自分の意識の中にできる限り制限を作らないようにすることです。

ただし、この現実世界には物理的な制限があります。外に一歩出れば、行動も制限されますし、いろいろなルールも条件もあります。なんでも好きにできるというわけにはいきません。

ですが、**そういう物理的な制限と、自分の意識の中の制限を一致させなくていい**のです。正しく言えば、自分の意識に制限がなくなると外の世界でも「できない」と思っていたことがどんどんやれるようになる、という創造が起きてきます。

やりたいことで生きていく、自分の本心を生きていくのが五次元エネルギーの世界です。今、三次元でやっていることとは全く異なるレベルの創造をする、と思っていてください。「年齢が……」とか、「親が反対するから」とか、「あの人が」「この人が」「会社が」「お金が」という〝枕詞《まくらことば》〟のような条件が一切なくなっていく世界。そんな世界にこの肉体を持ったままスライドしていくのです。

そんなすごいことを、私たちは一代の人生でやろうとしています。盛りだくさんすぎて、フルコース以上の体験をしようとしている魂が私たちです。

そこはもう、「私は欲張りで、豊かさをいっぱい体験したい魂なのね」とサレンダー（降伏）するくらいのほうが、意識の制限が外しやすいです。

制限を超えた創造をこの体のままやっていく。そんな自分の魂の設定にサレンダーしてしまいましょう。

習慣 5

毎日寝る前に、今日の自分を労う、受け入れる、褒める

時代劇の殺陣《たて》のシーンのように、バサーッ、バサーッとななめ（袈裟《けさ》）斬りする勢いで自分を裁いたりしていませんか？ 「だから私はダメなんだ」「今日の仕事でこんなことがあったのは私がいけないからだ」「あの人とくらべて自分は……」などと、自分を褒めるより、裁く時間のほうが圧倒的に多くないですか？

もしそうならきっぱりやめましょう。

「反省しないとダメ人間になる」なんて思わなくていいです。**裁くのではなく「労う」「受け入れる」「褒める」、この3つに徹してください。**ひと言でいうと自愛ですが、自分のすべてを否定せずに受け入れるのが自愛の本質です。

日中は仕事や学校、家庭のことなどいろいろ外の刺激に触れながら過ごしているので、自分を労う時間は寝る前が一番とりやすいと思います。お風呂に入っているときなど、好きな時間や、自分と向き合える時間があればそれでもいいです。

やることは簡単、すぐにできます。

寝る前ならベッドや布団に入って目を閉じ、「今日も私、いろいろ頑張ったね。えらいね」としっかり労います。声に出さなくてもいいので、思いを自分に伝えてあげます。

仕事でミスをした日でも「一生懸命やったもんね」と労いましょう。「何であんなことしたの。だから私はダメなんだ」「だから評価されないんだ」などと思わないでくださいね。

自分への声かけは、他人からもらう声かけです。自分を労う習慣をつくることができれば、自己否定は勝手に和らぎます。肯定感が増します。

たとえどんなことがあっても、絶対に自分をジャッジしない。否定しない。「毎日、偉いよ！」と労う。そして寝る。

寝ている間は潜在意識が宇宙にダイレクトにアクセスする時間なので、寝る前に不快な思いが残っているとよくありません。その日のエネルギーのゴミは「労い」で捨ててしまってから寝る習慣をつけましょう。

✴︎✴︎自分に関することはすべて受け入れる態勢に

こうして自分のことを裁かない、否定しない、ダメ認定しない、どんな日であっても行動も思考したことも否定しない。何でも受け入れる。この態勢を自分の意識の中につくります。どんな自分も全部受け入れる、ということは本書で何度も繰り返してきました。「それはもうわかっている」と思うかもしれませんが、頭で十分わかっていることを徹底して体に落とし込んでほしいのです。

「人と比べて自分はダメだ」と責める自分がいたら、「そんな自分もダメじゃない」と受け入れる。**とにかくオールイエスです。**イエスと言えないときも「そんな私もそれでいいか」とします。どんなときも「これでいい」「ダメじゃない」「そんなこともある」「そんな日もある」「私が私であることすべてがイエス」と、脳内で転換し続けます。こうしていくと自己受容がどんどん進んでいきます。

本当の私で生きることは「どんな自分にもイエス！」でいることです。

世界で一番自分が自分に優しくいることです。

習慣 6
自分を幸せにしない質問を一切しない

ここまで、実践していただきたい新しい習慣について、いろいろ書いてきました。最後にもう一度、重要なことを念押ししておきます。

自分に聞く、といっても、**自分を責めたり追い込んだりする質問はＮＧ**です。「なんで私はできないの？」「なんで私はこんなにダメなの？」というのは、質問にも、セルフコーチングにもなっていません。

反省をしなくていいわけではありませんが、「どうしたらよく変えていけるだろう？」と聞いていくのがコーチングです。自分を豊かにしない質問、自分を幸せにしない質問など、しなくていい質問をしてしまうと、逆に気持ちのエネルギーを下げてしまいます。

自分が進化する、発展する、豊かになる。さらに幸せになる、もっともっと喜ばしいことが世界に創造される。そんな性質の質問をするのがコーチングです。

コーチングというのはコーチですから、スポーツのコーチと同じように自分で自分のことを導いていかなければいけません。

癖というものはとにかく根強くて、頭ではわかっていても「これは私のどこがいけないんだろう?」なんて、つい思ったりしませんか? こう自分に質問すると、「ここがいけないんだよ」という部分しか世界に見えてこなくなります。自分を幸せにしないそういう質問はしないでくださいね。

「なぜこんなにうまくいかないの?」「なぜお金が増えないの?」「なぜ嫌な人が消えないの?」というのも危険です。本来「なぜ?=why」というのはとても大切な問いかけの疑問詞です。「なぜこれが起きたの?」「なぜ私に教えてくれているの?」といった質問はどんどんすべきです。でも、同じフレーズでも自分を責める方向に使ってしまうのはナシです。

自分が自分を認めてあげないのに、周りが認めるわけがありません。

宇宙に「自分はダメ」と投げると、「ダメがほしいのか」と受け取って、ダメになる流れしか還ってこなくなってしまいます。

習慣7 瞑想をする

瞑想と聞くと、専門的で何かとっつきにくい感じを受けるかもしれません。

もちろん本格的な修行のような瞑想もあります。今、私は密教瞑想の中の阿息観《あそくかん》瞑想というのを日課にしていますが、それは大学で学んだものです。

ここでは難しいことは抜きに、瞑想とは「自分を静かに感じる時間」と捉えてください。自分を静かに感じて、自分に繋がる時間が瞑想です。本当の自分、ありのままの自分を感じたり、観察したりするのが瞑想なのです。

ただし、「本当の自分になって、願いを叶えるために瞑想をする！」というのではなく、**ただ自分を感じ、観ずること自体が目的だと思ってやってみてください。**

なぜなら「こうなるために」という瞑想はエゴに傾くので、ただ自分を感じる、観察する、それだけやっていきましょう。

まず、静かに椅子や床に座ります。楽な姿勢で結構です。目を閉じてください。薄目、または目を開けているほうがしっくりくる場合は開けていても大丈夫です。

ゆっくりと息を吸って、吐いて、の呼吸を数回繰り返し、あとはじーっと心の感覚と体の感覚を受け取るだけです。その間も呼吸を大事にしてください。吸って、吐いて、と自然な呼吸を繰り返します。

おそらくたくさんの雑念が湧いてくると思います。「晩御飯は何にしよう」とか、「仕事であれを忘れたな」とか。そういう雑念はそのままでいいです。湧いてくるままに眺めながら、その思いが自然と右から左に流れて去ってしまう感じを、ただ受け取っていってください。

瞑想は数分でもいいですし、10分、15分としてもいいです。

1回に長い時間、瞑想するより、最初は5分とか10分以内で習慣にしていったほうがいいいでしょう。毎日でもいいですし、週に2、3回、曜日を決めてやってもいいです。
とにかく習慣にすることが大事です。習慣になったことは無意識でやるようになります から、瞑想の態勢に入って静かになると、心と体の感覚にのみフォーカスできる自分になっていきます。これは続けることでこそ、できるようになります。

瞑想をやり続けると、自分軸が立つようになります。

私は瞑想タイムを持つことで、日々のネガティブな感情もその日のうちに手放せるようになりました。
たった5分のことでこれだけの効果が！　と思うと、本当にすごいです。

とにかく全部習慣にする！

「習慣」を変えると、「癖」が変わります。

習慣になって当たり前にできるようになると、その行動は楽になります。まさに歯磨きみたいなものです。朝起きて「さあ、歯を磨くぞ！」と、わざわざ意識して思わないですよね？　無意識レベルで歯磨きをして、次の行動に移ります。歯磨きという行為に、全く負荷がかかっていません。こんなふうに何事も習慣になると、大変ではなくなります。

自己受容も同じです。習慣になり、完結してくると、自分に対していつも愛が出せます。愛が歯磨きレベルの気軽さで出るようになります。そのために、今はまだ断続的でいいので、この章に書いた習慣を「やるぞ！」と集中して取り組んでみてください。

意識・思考を変える→行動を変える→習慣が変わり、現実が変わる。

これが、人生が変わる3セットです。

この章に書かれていることも、一見「当たり前じゃん」と思うことばかりかもしれません。しかし、そういう人でも「新しい習慣に変えた」ところまで至っている人は、どれほどいるでしょう。自分が長年「いつかやる」としてきたこと、頭ではわかっているけれどやっていないこと、そういうことに、いよいよ取り組むときです。新しい、望ましい習慣を作っていきましょう。

入ってきた情報や知識を使わないなら、あまりたくさん入れないほうがいいとさえ私は思います。**使うものだけを選んで、あとの情報や知識は忘れてしまっても大丈夫。**一度入れたことは、必要ならまた思い出すので大丈夫です。それぐらい私たちの体はスペックが高いので安心してください。

情報や知識を取り込んで抱えることにあまり固執しなくていいのです。皆さん、すでに学びはしっかり深めておられると思います。これからは実践期、日々使っていくときです。いよいよ学んできたことを体に落とし込んで習慣にしていきましょう。

自分と向き合うと、こんなことが起こっていく

最後に、自分と向き合っていくと起こる、5つの特徴をお伝えしたいと思います。

自分と向き合うことで、自分にかかっていたあらゆる制限を解除され、なんでもやりたいことができる世界が広がりますよ。

①どんどん自分の世界が開けていく

・自分のことを知ろうと内側に意識を向けるようになると、いろいろな心の声に気づくようになります。「何が嫌で何がしたいのか」「何にいつも反応するのか」「本当はどう変えていきたいのか」「無意識にしている我慢は何か」「根強い思考と行動の癖は何か」

など、次々と気づいていくようになります。

②自分を認め、許せるようになる

・苦手なことがあっていい、と自分を許せるようになります。
・人ができることができなくてもいい、と自分を認められるようになります。
・無理に苦手ややりたくないことを克服しなくていい、やらなくていい、と自分を許せるようになります。
・私は私でいい、すべてこれでいい、と自分を認められるようになります。

③他人より自分に興味が戻ってくる

・そもそも自分より他人のことを多く気にしていること自体が変だったんだ、と気づきます。
・自分が自分の世界の創造主であり、一番パワーがあることがわかってきます。

・自分の世界のマスターは自分なんだ、とわかってきます。

・自分のことをもっと知りたいと思うようになります。本心をいっぱい聞きたくなります。

④自分＞他人になるので、他人の圧や苦手な人からも影響を受けなくなっていく

・本来、気にする必要のない人にまでこれまで興味を持っていた状態だったのが、そこに興味を持たなくなるため、脳がその人をすぐ忘れるようになり、長く記憶を保持しなくなります。

・一瞬嫌だと感じても、その感情を認めて受け入れたら、その次の瞬間、気持ちが切り替わるので、その人のパワーが自分の世界に影響しなくなり、どうでもよくなります。

⑤自分と対話をすればするほど、やりたいことへの意欲や意志力が高まる

・人間の本来の姿とは、やりたいことに一番力を注げることです。「やりたいことは諦められない！」と、他人の目や世間の言うことより、やりたいことのほうに自然と軍配が上がるようになります。こうなってくると、願いを叶えるとか、やりたいことを成し遂げることのハードルがとても低くなってきます。

特別収録

自分軸で五次元意識を生きられるMACOTOBA

「MACOTOBA」とは、私の言葉つまり「MACOの言葉（マコノコトバ＝マコトバ）」であり、コトダマ、つまり心の真実の声を文字に託した「真言葉（シンノコトバ＝マコトバ）」のことです。

私はこれまでにも言葉のエネルギーに関する本を出版していますが（『ネガティブでも叶うすごい「お願い」』や『受け取り許可が低いと感じる人のための引き寄せコトダマ練習帖』等）、本書では、新時代の五次元意識へ向かう中を生きる今の私たちにとって、自分軸になることができ、自愛が深まるコトダマ、自分軸で生きられるようになるような脳を刺激するセルフコーチングを厳選してご紹介します。なぜこれが良いのかという解説も書いていますので、自分自身を縛ってきた概念や制限を取り払ってくださいね。

1「自分に興味を持つ（ぞ）！」

これまで、私たちは外側の出来事や他人のことばかりが優先で、それらに自分の脳内を占領させてきました。しかし、もう今後の意識世界では、それはしなくていいですね。本文でも書きましたが、制限を解除した五次元意識で生きるための切符は「自分軸」です。

このアファメーションは自分に向かってする宣言としても使えます。これをつぶやくと、脳が外向きの意識から自分自身のことに注目するように変わるので、だんだん日常生活において、自分の本心の声がクリアに受け取れるようになり、中心軸が立つようになります。短い言葉ですが、外に意識が流れてる！　と思ったときは「私は自分にもっと興味を持つ」とつぶやいてください。ある程度の時間が過ぎてくると、「自分の心の感覚がすごくしっかりわかるようになってきた」とか、たとえマインドブロックを発見したとしても、「自分を知ることって楽しいじゃないか！」と思えるようになるはず。

これからは他人の考えていることを知ろうと悩むのではなく、自分自身を知ることにもっと時間をかけてあげましょう。

ある程度自分軸が立ってきてるよ、という方は「もっと自分に興味を持つ」とアレンジしてもいいでしょう。

2 「今が一番楽しい!」

時間は線で繋がっていません。毎日毎日新しい自分が生まれている、リニューアルしていて、今この瞬間もいつも生まれ変わっているのです。「今が一番楽しい!」。このMACOTOBAは実は私の娘が口癖にしているものです。手前味噌ですが、私の子らしくとても引き寄せ上手な娘で、ある意味、私以上ではないかといつも思っているのですが、その彼女が毎年毎年この言葉をつぶやいています。

もちろん、楽しくないな、と感じているときに無理に楽しい! と言ってしまうことはよくありません。楽しくないと感じているときはその感情を受け入れて生きます。「楽しくないって思っている自分もOKだ」と。そして気分がいいときが出てくれば、「今が一番楽しい！」というコトダマを使ってみてください。

このMACOTOBAの効果は先に書いたように毎瞬間、時間も現実もリニューアルしているという量子力学的な考え方を活用しています。「今が一番楽しい」↓「（その次の今になっても）今が一番楽しい！」という意識で言葉を使うため、いつの時でも「最高の楽しさ」があってアップグレードを重ねている、というエネルギーになれるんですね。うちの娘は一昨年も「今が一番楽しい！」と言い、去年も「今が一番楽しい！」と言っていましたが、今年も同じことを相変わらず言い続けていました（笑）。現実を見ていると楽しいと感じる環境にいつも恵まれている、学校が楽しすぎる、勉強もバイトも楽しすぎる、恋愛や友人関係でも楽しいが引き寄せられている、という感じです。パソコンは常にアップグレードしていきますが、そんな感じで楽しさが毎年アップグレードされているので引き寄せが起き続けるのでしょう。

3「私の心と体の中に、全宇宙がある」

外に自分の宇宙の答えはありません。すべて自分の内側にあります。それはあなたの体の中に、心の中に存在しています。

4「修行を卒業する！」

人生は修行だ、と思って今まで生きてきませんでしたか？　難行苦行が大好きだった自分があったとしたらそれを卒業です。五次元意識の世界では修行という概念がないと思っていてください。だからもうここで終わりです。

5 「制限♡解除!」

この本のタイトルですが、このままアファメーションとして使えます! 三次元的制限の中でなんとかやりくりすることが学びだった時代から、今の体のまま限りなく制限を解除して楽しくて軽やかに新しい体験を楽しんでいく時代に移行します。「制限♡解除!」といつもつぶやいているうちに、あらゆる制限から解き放たれるようになります。

6 「道は突然できる」

この言葉はブログやこれまでの書籍でもご紹介したことがあるのですが、今後の世界では必要なときに必要なことがぴったりのタイミングで、また物質的にもズバリのものが入ってくるようになります。私の長期の講座の卒業生さんで、言葉を使ってすでにどんどん、突然次元を変える体験をしている方が何人もいらっしゃいます。そういう体験が来る前からこの言葉をいつも使っておられたのです。

自分を徹底的に受け入れ優しくなるMACOTOBA

7 「私は大切な自分のために生きる(ぞ)」

自分をないがしろにして、まず他人からという癖がある場合、このMACOTOBAで修正をかけましょう。あなたは誰のために生きているのかというと自分のためなのです。何をしにこの地球に来たのかというと、自分をやるために、です。大切な自分のために生きることで他人も大切にできるようになる、という順番です。

8 「私には問題なところなど何もない」

これは私が本当に多くのケースで見てきたのですが、自分自身のことを問題視している方がとても多いのです。私には何か問題があるので変えないとならない。こういう視点を持っている限り「問題解決」のゲームから抜けられません。あなたに問題なところなどありません。問題があるのではなくて、自分をつらくさせる思考の癖があるだけです。

9 「私は自分を信じています」

人から力をもらって自信を持つ時代は終わりました。まず自分が自分の一番の理解者になること、信頼者であること。そのためにこの言葉を使ってみてください。

10「休むのも仕事」

この言葉は私のお気に入りなのですが、「忙しくて休めない」というのが口癖になっていた頃に、パートナーが「休むのも仕事だよ」と言ってくれて、それ以来「休む＝仕事の1つ」と概念が書き換わったのです。私は昔からストイックかつ詰め込み型で生きるタイプだったので、「休むのが仕事!?」と目から鱗でしたが、私と同じく休まない人にそれを言われてある意味面白くも感じました。おかげで、「今では休むことは大切な仕事の1つ！」という意識に変わりました。

＊

続いて自己対話（セルフコーチング）のMACOTOBAをご紹介します。これも意識がずれてしまった脳内を自分の中心に戻すための働きかけとして使っていきます。自分に質問をするという問いかけの言葉は特に「脳をハッとさせる」効果が重要です。「おいおい、そっちじゃないよ、こっちだよ！　これが大事だよ」という刺激が入って思考や意識の修正ができる問いかけを上手に活用していきましょう。
この問いかけはたくさんご紹介するのではなく同じ質問をしょっちゅう自分にしてあげるほうが効果があるので、2つに厳選しています。

自分軸で生きられる自己対話のMACOTOBA

11 「私の宇宙で、一番大事なのは誰？」

五次元意識の世界で生きるために必要なこと、それは徹底的な自愛でしたよね。自分に無理・無茶・我慢をさせすぎると、自分軸からどんどんずれていくのでしたね。自分より他人、「自分につらい思いをさせてでも、人のために」から抜けていくために、自分が一番大事にしないといけない存在は、まず自分なのです。そのために、自分が嫌な思いをしてでも……という自己犠牲や過剰な奉仕の気持ちが湧いたときには、この言葉で問いかけをしてください。

答えは決まっていますが、それをあえて自分に質問することで、脳に刺激が入ります。「そう、自分だったよね！」と思い出すのです。自分のことを大切にしないままで他人のことを大切にすることはできません。自己犠牲こそ美徳という概念を解除しましょう。相手も私も大事で幸せは成り立ちます。しかし、それは自分が自分をまず大事にしてこそ、です。

12 「自分に一番優しい選択はどれ？」

これも自愛（自分をまず一番大切に扱う）のための問いかけです。他人の思いや顔色を見て自分の一番の選択をできないことが多い人へ。

何かを決めるとき、まずこの言葉をつぶやいてみます。自分に静かにこの言葉で聞いてみます。そうすると人を優先していた人は、いつもと違う選択をすることになるでしょう。

他人に本当に優しくできるのは自分に優しくできる人です。自分に甘くなってしまうのでは？　という不安は不要なのです。

あとがき

私たちの魂は、大きな時代の転換期である今この時代に、本当の自分を生き始めることを決めて地球に生まれてきました。

この時代の大変革を体験しながら、本当の自分に目覚める、本当の自分に還って生きていくと、最初に決めていたのです。

価値観の基準も、何が常識かも、外の世界に明確な答えはないことはもはや明らかですが、この時代に「これからは自分の本心にしたがって生きるぞ」という方のために、この本を執筆しました。

新しい時代には、本当の自分しか持っていけなくなります。

制限を解除した五次元世界への切符は自分軸のみ。

先へ進む過程で、不要な感情の浮上や浄化は起こりますが、それは本当の自分のものではありません。感情が沸き上がってきたら「よく出てきたね」と受け入れ、出し尽くしてあげたら終わっていきます。

どんな感情も過去の記憶も否定しないで、「私の罪悪感さん、よく頑張ってきたね、おつかれさま」と声をかけてあげてください。

ありのままを受け入れると、ネガティブだったすべてが愛に変わります。

あなたは、ただあなたらしく在るだけで、五次元世界をもう生き始めています。

２０２３年１月

ＭＡＣＯ

MACO

メンタルコーチ。約30年にわたり自己実現のさまざまな理論について探求・実践を続け（これまでに合計3つの大学・大学院を修了）、脳科学、NLPコーチング、各種セラピーなど、さまざまなジャンルの知見を深める。ネガティブ思考の強い人でも願いを叶えられる独自の法則を体得し、講演家として全国を回りながら、同時に執筆活動をしている。『ネガティブでも手帳にこう書くと宇宙が願いを叶え出す』『マイナス人生が180度変わる！ 宇宙メンタル』（永岡書店）、『ネガティブがあっても引き寄せは叶う！』（大和書房）、『自分超越』（廣済堂出版）、『望んだままの現実を創る ネガティブの取扱説明書』（扶桑社）、『ネガティブでも叶うすごい「お願い」』（KADOKAWA）など著書多数。

MACOオフィシャルブログ
https://ameblo.jp/hikiyose-senzaiishiki/

制限《せいげん》♡解除《かいじょ》
何歳《なんさい》からでも思《おも》い通《どお》りに生《い》きる！

2023年2月22日　初版発行

著　者　MACO《マコ》
発行者　山下直久
発　行　株式会社KADOKAWA
〒102-8177　東京都千代田区富士見2-13-3
電話 0570-002-301（ナビダイヤル）
印刷所　図書印刷株式会社

●お問い合わせ
https://www.kadokawa.co.jp/（「お問い合わせ」へお進みください）
※内容によっては、お答えできない場合があります。
※サポートは日本国内のみとさせていただきます。
※ Japanese text only
定価はカバーに表示してあります。

ISBN 978-4-04-606157-7 C0095